太阳升起

"美国小哥"见证中国扶贫奇迹

【美】聂子瑞（Erik Nilsson） 著

刘浚 译

图书在版编目（CIP）数据

太阳升起：“美国小哥”见证中国扶贫奇迹 /（美）聂子瑞（Erik Nilsson）著；刘浚译 . —北京：五洲传播出版社，2020.12

（新时代的马可·波罗）

ISBN 978-7-5085-4524-0

Ⅰ.①太… Ⅱ.①聂… ②刘… Ⅲ.①扶贫－成就－中国 Ⅳ.① F126

中国版本图书馆 CIP 数据核字（2020）第 240796 号

著　　者：【美】聂子瑞（Erik Nilsson）
翻　　译：刘　浚
图片提供：聂子瑞　中新社
出 版 人：荆孝敏
责任编辑：王　莉
装帧设计：北京紫航文化艺术有限公司

出版发行：五洲传播出版社
地　　址：北京市海淀区北三环中路 31 号生产力大楼 B 座 6 层
邮　　编：100088
发行电话：010-82005927，010-82007837
网　　址：http://www.cicc.org.cn，http://www.thatsbooks.com
印　　刷：北京市房山腾龙印刷厂
版　　次：2021 年 1 月第 1 版第 1 次印刷
开　　本：155 mm×230 mm 1/16
印　　张：21.25
字　　数：200 千字
书　　号：ISBN 978-7-5085-4524-0
定　　价：58.00 元

目录

致谢 —————————————————————————— VIII
前言 ——————————————————————————— X

第一部分　天崩地裂

坟场里的生日 ———————————————————— 003
渴望新生 ——————————————————————— 007
让时间抚平伤口 —————————————————— 016
创伤在时间中愈合 ————————————————— 019
坚持的力量 ————————————————————— 026
墓园里的新家新希望 ———————————————— 033
"猪坚强"和她的主人 ——————————————— 037
重生的希望 ————————————————————— 042
"鬼城" ——————————————————————— 046
擦干眼泪 —————————————————————— 051
在时间的阴影中 —————————————————— 058
"地震旅游"帮助幸存者 ————————————— 061
应对残障 —————————————————————— 065
幸存者的"性福"问题 —————————————— 071
行之有效的康复服务 ———————————————— 074

羌族少年们的"干妈" ———————————— 080
迎接108个"罗汉娃"的住持 ———————— 083
走出地狱的125小时 ————————————— 086
"映秀好人"的震中餐馆 ————————————— 089
快乐的农家乐 ———————————————— 093
"越来越漂亮" ———————————————— 096
汶川13个乡镇的涅槃重生 ———————— 102
事关生存的黑白问题 —————————————— 106
来自地下的预警 ——————————————— 111
就地加固 —————————————————— 114
四川依旧坚强 ———————————————— 117

第二部分　走近天堂

刀、暗夜与光明 ——————————————— 127
照亮未来的小太阳 —————————————— 136
模糊的清醒时刻 ——————————————— 149
遥远但并非遥不可及 ————————————— 158
分享不可能的微笑 —————————————— 161
摘下口罩直面世人 —————————————— 169
和牧人一起露营 ——————————————— 177
牧民日记 —————————————————— 184
牦牛头、蘑菇和香蕉 ————————————— 192
干涸草原上的扶贫一条街 ——————————— 198
来自沙漠绿洲的一课 ————————————— 203
小康之路 —————————————————— 209

公路勇士一路向西 ———————————————— 219

第三部分　　走出贫困　迈向小康

当传说成为现实 ——————————————————— 230
真实村庄中的虚拟世界 —————————————— 235
走出"一口刀" ———————————————————— 237
太阳能小康之路 ——————————————————— 245
麻风村一课 ————————————————————— 251
鸸鹋奔驰在内蒙古草原上 ————————————— 258
给荒漠和男人重注活力 —————————————— 262
关于排泄的严肃话题 ———————————————— 266
在西藏，一切皆有可能 —————————————— 268

第四部分　　长江日记

生死状、傻子瓜子和金牛 ————————————— 277
建设发展引擎 ———————————————————— 281
"太湖珍珠"焕发新生 ——————————————— 285
购物天堂梦想成真 —————————————————— 290
胶囊机器人、直播和霸王龙 ———————————— 294
攀越巅峰 —————————————————————— 300
猕猴桃、烈酒和大数据 —————————————— 304

后记 ————————————————————————— 312
译者的话 —————————————————————— 316

致谢

我想借此感谢几个群体和个人,没有他们,就不会有这些故事,也就不会有这本书。

首先,我想感谢中国日报社的领导层,特别是编委会,以及其他同事。感谢他们在报社,还有在各条战线前沿与我并肩工作时给予我的鼎力支持!这本书中的很多故事都来自我们在诸如汶川地震灾区这样的艰苦地方一起发出的报道,以及我们共同度过的时光。

非常感谢支持我们在青藏高原上工作的每一个人。在众多帮助过我们的朋友当中,我要特别感谢程维,他是我们宝贵的"幸运符";还要特别感谢才让本,他在第一线不知疲倦的工作,帮助我们改变了数千名少年儿童的命运。我遇到才让本并开始与他一起工作时,他的父亲刚去世不久。他父亲留下的最后遗言是"善待他人"。今天,他的父亲一定会格外自豪。

自那以后,我们亲如一家。的确如此,才让本是我的孩子们的"干爹",在被称作"地球第三极"的青藏高原,我们就像亲兄弟一样携手并进。

我也想借此机会纪念我们亲爱的朋友Mike Peters,他将身后所有的财产都赠予了我们在青藏高原上的工作。Mike的光明和慷慨闪耀至今。

我也想感谢我的好友刘浚，她将本书译成了中文。她为此书奉献了最专业的才干。自十多年前初次相遇后，她已是我特殊的朋友和知己，哪怕我们远隔重洋。

我还要感谢本书的编辑之一、我多年来的至交Mike Fuksman。

还有我的妻子Carol，她为这本书作出了种种直接和间接的牺牲，对此我的感激无以复加。

她忍受着一个喜欢到灾区东奔西跑、报道国家大事，深入草原、苔原和沙漠探访偏远的游牧社区的丈夫。我想动用我们共同的积蓄帮助曲麻莱的扶贫工作时，她从未说"不"。在我写作这本书的一年半时间里，她不仅分担了编辑初稿的工作，还要在加班加点工作的同时操心我的事，特别是在新冠肺炎疫情期间我赶这本书的截稿日期时。谢谢她跟我一起付出，体验并分享这些故事，在那些黑暗的时刻与我一起流泪，当我和大家寻找和创造光明时，一直陪伴在我身旁。

最后，我想感谢中国人民。这些年来他们不断向我展示着友谊、坚韧和希望的意义。期待在未来的岁月里我们还将一起学到更多的宝贵经验。

2020年10月17日

前言

故事里的人生

骑鸵鸟赛跑。访问麻风村。灾区采访。

机器恐龙。与吸毒者对话。放牦牛的牧民（他们的霹雳舞也跳得超赞）。

飞咬蜜蜂——在贵州苗寨，主持人纵声高唱，所有重音都放在"Z"上。他们用长筷夹起酥炸蜜蜂，在客人们面前"嗞——嗞——"地飞舞，直到足够敏捷的客人一口飞咬住蜜蜂。要知道我们才刚刚灌下一大牛角杯家酿烈酒。

这就是我在中国当记者的生活。我讲述着故事，也分享着故事，更亲身经历着这些故事。

偏远的青海玉树藏族自治州，我躺在冰川脚下藏族牧民的帐篷里过夜，身边就是一堆牦牛粪。

在一位新疆哈萨克族老人家中，我们席地而坐，分享着特色食物马肠子，听这位马背上的牧人讲述他如何驯养金雕捕猎。

汶川大地震后，我和因脊髓受伤而瘫痪的幸存者们讨论性功能康复；在北京残奥会开幕式上进行现场直播；马航MH370航班消失的那个晚上，我正主持《中国日报》周日版的编辑工作。

为"一带一路"国际合作高峰论坛、全国"两会"和中共十九大等重大事件创办并主持新媒体视频,斩获多个奖项的同时收获了数亿点击量。

2006年,我本打算在中国只待一年就走。

我再也没有离开。

这是因为这个国家有如此众多的机遇,对于我们这些希望捕捉"世纪选题"的记者们来说,更是如此。

某一天,我可能跟随着联合国中国事务负责人参观江苏湿地。

另一天,我可能和同事们一起站在2010年上海世博会联合国馆的主席台上,发布新书《汶川大地震两周年纪念文集》。数年以后,我还将再次回到这里,跟踪报道动物保护专家珍妮·古道尔博士的中国之行,之后我还将三次采访她。

就在新书发布的前一晚,我还和志愿者们在安徽省最穷困山区的

我在中国新疆维吾尔自治区采访过的一位哈萨克族老人。这位老人用金雕来捕捉狐狸和兔子。

一所学校席地而卧，一些大块头的犀金龟就在我们中间忙着打架。（我差一点就没赶上新书发布会。）

而在那之前几天，我刚刚探访了一位隐居在山洞中的僧人。几周后，我将与一位《财富》世界500强企业的CEO在董事会办公室侃侃而谈。几个月之前，我还到过四川峨眉一个戒毒所暨艾滋病治疗中心，采访通过静脉注射海洛因的瘾君子。

身为记者，我发现要了解中国，最好的方式就是骑着骏马、牦牛、大象、骆驼，甚至是鸵鸟，亲身探访这个国家广袤的苔原、牧场、草原、雨林和荒漠。

这一路上，我不光见识了种种变化，也有幸抓住机会，参与其中。

2008年的汶川大地震导致近9万人死亡或失踪，我和同事们迅速成立了志愿小组。

或许，我注定要成为一名志愿者。

那一周，我本应去震中附近的四川卧龙大熊猫保护基地

在河南省省会郑州骑鸵鸟。

采访,但为了回美国举行婚礼,我申请休假。(地震发生后,我和妻子取消了北京的庆祝计划。)

这件事改变了我的生活,更准确地说,救了我一命。

地震时,那位去保护区采访的记者乘坐的小巴被滚落的巨石砸扁,她的颈椎受伤,困在车中4个小时后又跋涉了数日才找到医疗人员。

在蝴蝶效应和"幸存者"的内疚双重心理驱使下,我决定去灾区。当然,这也是出于对受灾者的同情和对灾区新闻的高度敏感。

突然之间,一切的一切,所有的一切,都指向四川,把我前拉后推引向这个地方。

我当即决定,尽管新闻以超光速螺旋发展,我要在不断更新的标题转移全世界的眼球时努力守住这场灾难留下来的遗产。

2008年,我说过"我们永远不会忘记",这句话发自肺腑。

但当时我根本不会预见到,接下来的5年间,我将15次采访灾区直到重建基本完成。这总共8个多月的旅程将彻底改变我对整个世界、我自己和他人的看法,对生与死的态度,以及对现实中和寓意中的光明与黑暗的观念。

这是一次走向灵魂深处探究"存在"的终极意义的旅程。

这是另外一个世界。它一开始看起来超越现实,却真实存在。我一头栽入了这个世界。当然,有时我也是不经意间被拽了进去。

目睹震后重建的过程刷新了我对中国的认知，我看到中国不仅让不可能的事情成为可能，更让它们成为现实。

正是这些经历促使我2011年在青海的玉树地震灾区发起了另一个志愿活动。我发现这些生活在青藏高原地震频发区域的社区其实一直承受着另一种灾害。它也是由地理环境导致的，但极为缓慢而持久，那就是主要由高海拔所致的极度贫困。

一开始我们的计划只是给一所没有电的乡镇学校装两块太阳能电池板。这本来只是一次性的工作。

我没有想到的是，这将是由黑暗走向光明的又一次新的旅途——也是我记录中国扶贫工作的新篇章。

到了玉树之后，我才得知，将近80个孩子都挤在7顶帐篷里，这就是他们的宿舍。我同意老师们的建议，应该把太阳能板产生的电能用于这些帐篷。

看到牧民们贫困的生活状况，我决定做更多的事情。

老实说，在四川时，除了发表文章讲述故事、给救灾活动捐款，以及志愿教英语，我时常困惑还能做些什么。

而在青海，像给学校捐太阳能板这样的简单方案，不仅显而易见而且切实可行，只是当时还没有人做这件事。

在以后的几年里，我将目睹另一个奇迹——政府迅速地开发了这个地区。

可是在2011年，这一切还遥遥无期，甚至想都不敢想。

2011年的那块太阳能板，很快就发展成我和朋友们的一项使命，为整个地区在真正意义上带去光明。

2011年我们在青海玉树地震灾区给学生们住的帐篷安装了太阳能电池板。图为临走时与学生们告别。

我们给曲麻莱最偏远的小学赠送了一车药品。这所位于海拔4300米左右的学校当时面临着肝炎的问题。随着发展改善了卫生状况，这个问题也得到解决。

我们成功了。

我们小小的活动产生了巨大的影响。

我们先是为分布在玉树曲麻莱县的几乎所有学校都安装了太阳能板，为数千名孩子的教室和宿舍带去了电力。

然后，我们给牧民学校送去了数以吨计的衣服、食物、药品、煤炭、电脑等物资。

随着玉树当地的发展，电力这样的"硬件"需求已得到切实满足，我们将重点转向手术和奖学金。

2015年，我们资助一位高原上的女孩到北京做了唇腭裂正畸手术。次年夏天，我们把一个牧民的儿子送到青海省省会西宁做了耳科手术。

2019年，我们给一个11岁的男孩送去了一辆"越野"轮椅，这样他就可以在高低不平、常年积雪的草地上通行无阻。我们还帮助他的一位9岁同学装上了义肢。

那些出身贫寒的藏族孩子，只要能考上大学，我们就提供全额资助。作为回报，他们到偏远的游牧社区发起自己的志愿者活动。

有三位接受资助的大学生已经毕业，他们一个月的工资就超过了全家人在苦寒的高原上一整年的收入。有一些学生还在坚持进行志愿活动。另外还有三个人刚刚开始大一生活。

2017年外国专家春节招待会在人民大会堂举行，我有幸向李克强总理提出了关于中国媒体发展的建议。令我惊讶的是，听我说了6分钟后，李总理不仅对我的新闻工作表示赞赏，还感谢我在高原上的工作。这令我深感荣幸。

就在那之前的2016年,我向世界讲述中国故事的努力已经得到了认可。我荣获了"中国政府友谊奖",这是"为表彰在中国的社会和经济发展中作出突出贡献的外国专家而设立的最高奖项"。

特别令我感动的是,李总理对刚刚获奖的外国专家们说,这样一位33岁的获奖者表明,中国的现代化所带来的机遇吸引了海外的年轻专业人士,显示出国际合作的"新希望"。

这些年来,我也看到了中国内在的新希望,特别是在第一线报道中国的扶贫奇迹时感触尤深。

但我认为这一成就的深远影响还远未得到全世界的充分认识,更不用说真正了解取得这一成就的艰难过程。

我更怀疑没有多少人,特别是西方人,意识到地理条件是世界各地的贫困版

2016年,我有幸成为"中国政府友谊奖"最年轻的获奖者。

图中一个至关重要的成因，尤其是对于中国这样一个处于我们地球上格外脆弱地带的国家，要取得这样的扶贫成效需要克服怎样的极端不利因素。

我亲眼看到中国面临的挑战的范围、程度和解决方案。我花了数不清的时间面对面与各种各样的人交谈，了解这些解决方案是如何改变了他们的生活。

从改革开放以来到2017年年底，中国贫困人口一共减少了7.4亿。这大致相当于整个欧洲的人口总和。

从2013年到2018年，中国农村每年减贫人数都保持在1200万以上。

正是由于这个国家所取得的前所未有的成就，联合国得以提前实现其"千年发展目标"中将全球贫困人口减半的目标。

人类历史上没有哪一个社会能以如此快的速度，让如此众多的人脱贫成功。在这方面，中国遥遥领先。

"奇迹"一词，我认为极为贴切。

对我来说，在人民大会堂目睹扶贫措施和其他政策的颁布之后，又在中国最边远的各个角落亲眼看到这些政策成为现实，这本身就不可思议。

特别是中国宣布2020年将全面消除绝对贫困，实现第一个百年奋斗目标——"全面建成小康社会"。

本书尝试记录这一奇迹的故事。在旅途中我亲眼见证了它的发展——这一路上，我也开始重新审视生而为人的意义。

由此，我的记录就从汶川开始。贫困和地理环境所导致的悲剧终将在救援和重建中被克服,在这片无数生命逝去的地方,人们也将重拾希望。

然后我将去往青藏高原,地球的"第三极"——中国克服了极端的海拔高度和地理上的偏远等不利因素,给这里带来了短短几年前还不可想象的富裕。

青藏高原因其极高的海拔而被誉为"世界屋脊"。图为我与藏族牧民一起露营时骑牦牛。

随后我还将回顾过去十多年里我采访过的全国各地的扶贫项目,从乡村里的虚拟现实娱乐公园到内蒙古牧民开办的鸸鹋农场。

最后,我将以极限沉浸的形式来分析改革开放如何驱动了中国的扶贫奇迹。我花了5个星期采访长江经济带沿线数千公里的11座城市,其间我跟"棒棒军"一起挑担,和一个老年摩托车俱乐部的成员们一起飙车,还测试了一台胶囊胃镜机器人。

2005年,我第一次踏上中国的大地时,根本想不到我会做任何一件这样的事情。

也不知在旅途中的何时何地,我从单纯的记录者变成了参与者。

我肯定不会想到有朝一日我会筹款去买牦牛。

而我不但买了,还骑过牦牛,给它们挤过奶,而且也被它们踢过。

有时,我把在北京出生长大的孩子们抱在膝上,给他们讲述我经历过的各种冒险。

也许有一天,我还能为他们的孩子再讲这些故事。

有一些故事可能得留到他们长大一些再讲。

那时,爷爷肯定会有更多的好故事可讲。

的确,还有很多很多故事要讲——要去亲身经历。

| 第一部分 |

天崩地裂

我最近已经很少做噩梦了。

不知道他们是否也是这样。

一切都在旋转着,直到将我埋葬。

我"砰"地一下弹坐起来,像个折起来的老鼠夹。很快,我就意识到这是在自己家中。刚才的一切从未发生过——至少在我清醒着的现实生活中。

而他们却真正经历了这一切。

很多人被活埋。大约9万人未能幸存。

那时,幸存者们每天早晨都会在噩梦中惊醒。不过,自那时以来,他们当中很多人的美好愿望已经成为现实。

2008年5月12日,一场里氏8.0级的大地震释放出巨大威力。我先后15次前往汶川灾区采访,总共8个月行程中,我记录下了四川的重建进程。

那天下午2点28分04秒,中国西南地区地壳开裂,一道通往地狱的大门开启了。

不到2分钟,四川就变成了哭号震天的巨大灾难现场。

龙门山脉扭动着,蜕去外壳,一道道巨石瀑布呼啸而下,一路所过吞噬一切。地质的蛮荒巨力将建筑物扭成荷兰版画家莫里兹·艾雪(M.C. Escher)作品的真实版。无数的人从废墟下刨出亲人,只为了将他们体面地安葬。而很多人连这样做的机会都没有。

尽管如此,与这场灾难发生前相比,当地人的生活总体上已有相当改善。我当年在废墟中遇到的那些学生中,不少人已经克服了难以想象的困难,实现了他们的梦想。

"5·12"汶川特大地震纪念馆馆长赵开胜是这么说的:

第一部分　天崩地裂

"我们在震后5年里浓缩了将近30年的发展，地震带来了巨大的投资。如果不是这样，我们的道路和房屋不可能这么快就实现现代化。"

救援行动和灾后重建皆是奇迹。虽然这无法让逝者起死回生，但幸存者借此走出地狱，靠近天堂。

四川的灾区让我在看似没有光明的地方找寻光明；青海则让我在看似不可能找到光明的地方创造光明——和大家一起去创造光明。

包括救援和重建在内的中国奇迹，以一种我刚开始无法理解的方式与扶贫交织一体。我从中领略到人类的善终将战胜自然的恶。

这就是我在四川学到而又在青海得以运用的知识——我在全中国都看到了这样的例子，我希望能与全世界分享。

我们可以采取一些实际行动走近天堂——即便天崩地裂，地狱显现——我们仍可以走出噩梦，心想事成。

我真正体会到这一点是在一个伸手不见五指的房间里（这是间名副其实的"感官剥夺室"），在那之前我瞥见了一点光亮——一柄正刺向我面门的匕首锋利的刃刃上反射的凛凛寒光。

在那片黑暗之中，一切都变得越来越清晰，越来越明亮。

坟场里的生日

一片坟场。

这就是我在中国多次过生日的地方——在死亡面前庆祝我的降生。

我到四川映秀的"5·12"汶川特大地震遇难者公墓报道清明节祭奠活动时,多次度过了自己的生日。这让我重新审视生命的意义。

我的生日经常与农历的清明节重合。

很多年来,我总会在清明节回到四川映秀。这里有6000多人死于汶川大地震,镇上有数百名学生在学校建筑垮塌时丧生。

在死亡的环抱中迎来新的一年,没有哪种经历更能促使你思考生命的意义,尤其是当我眼看着悲痛欲绝的父母们刨着泥土,悲号声响彻天宇,而他们的子女再也不能迎来下一个生日了。

第一部分　天崩地裂

为避免震后疫情暴发,政府不得不将遗体尽快掩埋,那是一大片玉米地。

年复一年,我总是回到这里的"5·12"汶川特大地震遇难者公墓,报道清明祭奠仪式。

每当我过生日时,同事们总会送我鱼和长寿面,这都是长寿的象征。

2016年过生日时,我转道贵州,攀爬在悬崖之上主持了一部纪录片,讲述的是一个长年缺水的小山村,身处绝境的村民们徒手在峭壁上修筑了一条引水槽。

村民们团结一致,冒着极大的危险,走出了另一种地理条件造成的困境。

有时我只能死死把着引水槽薄薄的边缘,才能在棱角锋利的峭壁上勉强维持平衡。

这时,一失足将成千古恨。

而我自小就有恐高症。

恐惧迫使我的大脑集中于以往在映秀那片墓地过生日时学到的经验。

对摔死和被活埋的恐惧其实各有不同。

这时,微信里传来了祝我生日快乐的歌曲,英语、汉语,还有藏语。

先是我的妻子和女儿在北京唱的《生日快乐》小视频。

然后是江苏无锡一家医院的医生护士们发来的视频,我父亲因为遭遇车祸刚刚在那里做了手术。

那天晚上,青海玉树曲麻莱的师生们也给我发了两个视频。

最后,我妻子又送了我一件礼物,从我们北京的家阳台上延时拍摄的日落。

她知道，每天的这个时刻，只要有可能，我总会停下手头的工作，注视夕阳渐渐隐入西山，排空纷繁的思绪，遁入冥想，直至苍穹尽染，夜幕降临。

　　这个习惯不仅有助于集中注意力，更提醒着我天堂的神圣，以及地球上万物的生死幻灭。

　　我们总是把天空视为平常。

　　每个人的一生中，会有几次驻足，真正停下脚步，哪怕花上短暂的一秒钟去抬头仰望，而不是一味地盯着前方？

　　现在，每当又一个生日临近，除了在我最后一个生日到来前划掉一格，我更经常思考的问题是死亡。

　　这让我更能体会到活着的意义。

　　映秀的不少母亲后来又有了孩子。我在她们的第一个孩子没有标记的墓地边遇到过很多这样的母亲。

　　2016年的那次车祸中，我父亲的锁骨裂成四片，但他活了下来。

　　几天之后，我唯一的弟弟得了气胸。他也已完全恢复。

　　那一天我没有摔下那个修了引水槽的悬崖。

　　而且我收到了众多生日祝福，有许多格外感人。

　　哲人们说，生命的意义在于死得其所。

　　这也正是我的心愿。

　　我不能说自己已经知道怎样做到这一点，但我所知道的一切都源于中国。

第一部分　天崩地裂

渴望新生

所有建筑物都消失了。

一天又一天,一个小时又一个小时,透过车窗,我们看到的只有绵延数公里的废墟和帐篷,然后还是废墟和帐篷,更多的废墟和帐篷。

这是一个末日浩劫之后的世界。

2008年我首次赴汶川灾区采访时,距离那场导致近9万人死亡或失踪的大地震已有半年,而一路上扭曲的钢筋和大块的水泥仍然堆积成山。

第一次到汶川灾区时,迎接我的是帐篷和废墟,以及住在这里的人们。

汶川大地震导致近9万人死亡或失踪。我多次前往汶川灾区报道,前后共计8个月时间。

"失踪"的意思是那近18000人至今仍被深埋地下,如果他们还能被找到的话,最有可能找到他们的是未来的考古学家。

第一部分　天崩地裂

我意识到，无论媒体怎样报道，都无法完整再现这场灾难的全貌，只有亲身去到现场才有可能理解此事。

震区看上去就像个战场。多年以后，看到视频中饱受空袭和地面战蹂躏的叙利亚，我不由得想："这太像四川了。"

在地球上，也许战争和自然灾害是最接近于地狱的状况。

而它们之间的主要区别，也许是战争中的苦难源于人类的邪恶，而灾害则释放了自然的狂暴。

汶川地震是有记载以来最剧烈的地震之一。

它摧毁了数百万座房屋，让数百万人无家可归。

它更给数千万人留下巨大的创伤。

在平武中学的废墟上，我看到一块蓝色的牌子，上面写着几个白色的字："平安班级"。

这块皱巴巴的牌子靠在一块碎砖上。地震摧毁教学楼时，砖块和水泥被远远地抛了出来，就像一个瓷瓶被砸时碎片四处飞溅。

这里有180多名学生受伤，所幸无人遇难。

平武县的146所学校中，几乎全都有教室倒塌，共有344名学生和13名老师遇难。据平武县教育局说，地震影响了31079名学生和2631名教师。

平武中学废墟上的一块蓝色牌子上面写着"平安班级"。

大约半年过后，背着箩筐的工人们仍在平武中学的废墟上忙忙碌碌，日复一日地清理和分拣。

山谷中回荡着铁锤敲击水泥和一团团扭曲的钢筋被扔上卡车的钝响，久久萦绕耳畔挥之不去。

几分钟车程以外，大约1300名幸存的学生正在一片临时搭建的金属教室和宿舍里生活和学习。

这里不能洗澡，连热水也没有。但他们有电，有食堂，也有学习用具。

"我们的新学校是个学习的好地方，就是操场太小，打不了篮球。"一位叫聂敏（音译）的学生说，"我们每天都很忙，要学好所有课程不容易。"

来自平武县南坝镇的18岁高三学生侯力（音译）则希望他能更经常见到家人。

"回家时，我帮妈妈洗衣服，还帮她浇菜地。"他说，"我当然还有梦想。"

聂敏说她的梦想是长大后当一名翻译。"我要努力实现梦想。我相信什么也代替不了坚持。"聂敏说。

2008年，我在平武这所临时学校里主持了一个活动。绝大部分学生都写道，他们相信只要努力和坚持，就能实现梦想。

他们中有的想当医生，有的想当翻译或者歌唱家，还有的想去环球旅行……他们都想照顾好父母——大多数都是一贫如洗的农民，因为父母为了他们付出了太多太多。

高二学生薛晨总结了大家的决心："我们必须向前走，绝不放弃！"

薛晨的梦想是学好英语，当一名导游，带世界各地的人参观他的祖国，尽管那时他还从未走出过小镇。我是他和同学们第一次见到的老外。

如今薛晨已经实现了他的梦想。他最喜欢的行程就是去尚待开发的青藏高原和古老的丝绸之路。

　　"我有一个梦想。"我们初次见面将近十年后，他给我发来的短信说，"我努力学习，努力工作……我热爱我的工作。"

　　他还邀请我去参加他的婚礼。

　　"看到这么多人生活得比我们还穷困，我更加珍惜我的朋友和家人。"

　　在他的导游简介上，薛晨用英语写道："一些人去一个全新的地方，是为了找回迷失在生活中的自我。"

　　我想，2008年地震灾区的人当中，没有谁不会迷失方向。我想不出会有人不是这样。

　　多年后，薛晨在来信中说："不过，我再次考虑了旅行。对我来说，旅行应当是一个故事，或者一部纪录片，这是个关于我的故事，传播这个世界温暖的故事，讲述我的经历的故事。为了这个故事，我将离开家人和朋友，从成都到拉萨，翻雪山过草地。"

　　的确，薛晨的故事是走出2008年的那场噩梦并最终实现梦想的故事之一。

　　2020年1月，他告诉我说，他已经在成都开起了自己的火锅店香鼎坊（音译）。

　　"5·12"大地震撼动了这些孩子脚下的大地，但丝毫没有动摇他们的生命力。

　　地震将他们的学校夷为平地，却没有影响他们对求知的渴望。

　　就像一位平武的学生那天所写的，"尽管地震推倒了我们的家园，但它推不倒我们的信心和友谊。"

　　那天快到下课时，学生们里三层外三层围住了我，后面的学生几乎要翻过人墙，只为了把笔记本递给我，要我的签名。

地震后不久，我在四川什邡红白镇的一所学校参加了志愿者活动。

身为老外，我自以为早已习惯了一走出大城市就备受关注，但还从来没有谁争先恐后地把笔记本和教科书都塞到我手里，生怕得不到我那龙飞凤舞的签名。

其中一个孩子要我留下电话号码、通信地址、电子邮件、MSN，还有QQ。

我索性从钱包里取出一摞名片，拿出一张塞进他手里。

这可像是引爆了一枚炸弹，四面八方伸来的手几秒钟内就把我那一整摞名片瓜分完毕。孩子们盯着这张小卡片欣喜若狂，仿佛是攥着中了头奖的彩票。

我也笑了起来。

铃声响起，下课时间到了，学生们呼啦啦奔出了简易教室。

落在最后的正是我送出第一张名片的学生。他很腼腆地凑过来，说有东西要送我。

第一部分　　天崩地裂

"这个,是我的名片。"他露齿一笑,微微鞠了个躬,双手捧上一张卡片。

这是一张裁成长方形的纸板,上面工工整整用蓝色钢笔写着杨宙兴(音译)、手机号和QQ号。

那天晚上,我们在都江堰沿着受损严重的荷花池路探访。

一幢倒塌的居民楼前,两根蜡烛在风中摇曳,一小把香闷闷地燃着。

点香烛的人无处可寻,周围甚至看不到一个当地居民。都江堰市中心已经成了某种意义上的"鬼城"。

若隐若现的绿灯映衬出这里仅有的人类身影,一些建筑工人在废墟里走来走去。除了轻柔的雨滴声,只有一台推土机轰鸣着,远方鞭炮声时断时续。

"地震以前,这儿热闹得很。"当地农民魏永红(音译)说。

他同意带我们四处转转。朝着一座小山般的钢筋水泥一挥手,他说:"这儿死了好多人,整条街都是死人。"

他花了好几天从这座城市倒塌的中学里拖出死者,有数百名学生遇难。

"当时没有地方放那么多人,只好都堆到街上。"他说。

路边还有一些建筑物勉力支撑着,或倾侧或下垂,还有的部分悬在半空。其他建筑都是成堆的废墟。

魏永红的乡间木屋挺过了地震。

他指给我们看另一处废墟,以前是个菜场。"那里头可能还有死人呢。"魏永红说。

而在附近的一个角落里,他说有大约30个少年遇难,那是一家网吧,在一场6级余震中倒塌。

而到了"勤俭人家"安置点,情况却大为不同。这是都江堰乃至整个四川省最大的震后临时安置点，12000多位居民住在成排的彩钢活动房中。

"勤俭人家"派出所门外挂着一块大牌子，上面可以翻动的数字显示，"本地103天没有违法犯罪事件"。

入口处，一个宣传栏上贴满了救灾物资交割单，上面摁满了手印——收到救灾物资的人以此签收。

援助项目中包括服务设施——日用品店、医院，还有一个免费食堂，全都由上海市政府援建。

透过一扇简易房的窗户，我们看到一群人围坐桌边，玩着麻将牌。

他们笑得正欢。

我也笑了起来。

"有些人真的很乐观。"志愿者张义桐（音译）告诉我说。

茶馆老板赵阳波（音译）告诉我，德阳市的低收入居民都开始喝高档茶了。"灾难让大家认识到人只能活一次，那就好好享受这一次吧。"赵阳波说。

在"勤俭人家"志愿者中心，张义桐和其他上海大学的志愿者正忙着印刷小传单，招募当地居民来辅导学生。

张义桐说："这些人失去了一切，包括他们的家人和房子，可他们乐于助人，他们相信这是有意义的事情。"

的确，基本物资并不匮乏，此时人们更需要寻找的是意义。

来自香港的张义桐说，地震导致的伤亡和异地搬迁使很多人脱离了原先的社交圈，志愿者们正组织安置点的居民参加各种活动来互相认识。

志愿者中心的墙上贴着一些照片，照片里有老年人交

第一部分　　天崩地裂

红白镇的一所学校在重建中。

谈，也有儿童们玩耍，还有时任总理温家宝来视察时的情景。

"这里几乎每个家庭都失去了至少一个亲人。"另一位志愿者纪小钢（音译）说。

志愿者们还着手开展技能培训，教居民如何找工作和使用电脑。很多幸存者开起了杂货店和理发店，或者当上了老师。

当时他们面临的最大问题可能就是寻求外界的帮助。随着冬季来临，居民们急需冬衣和热水。

"很多上了年纪的人没法洗澡，因为水太凉了，他们受不了。"张义桐说。

纪小钢更担心的是居民们开始烧煤取暖时的火灾隐患，特别是很多人在外工作时，只能留下老人和儿童待在家里。

马路对面，数十栋公寓楼正在绿色的防护网内慢慢成形。

当这些大楼脱下外衣，最后一根脚手架也被拆除，"勤俭人家"的居民们就将搬入新居，展开新的生活。

让时间抚平伤口

汉旺镇中心的钟楼上,指针永远凝固在了2:28——"5·12"大地震开始的时刻。

这座钟楼已经成了一座历史性建筑,为汉旺铭记那永远难忘的一刻。

钟楼四周,很多房屋只剩下一堆水泥碎块和卷曲的钢筋。

也有一些楼摇摇欲坠,巨大的裂缝爬遍了整个建筑,墙体、柱子和天花板耷拉着,歪侧着,或者深深鞠着躬。

很多建筑遍布地震波造成的典型X状裂纹,仿佛众神在这些大楼表面玩了一局三连棋。布满X裂纹的建筑虽然挺过了地震,却必须尽快爆破清除以绝后患。

钟楼附近正举办一个摄影展,地震给这座城市造成的巨大创伤令来访者眉头紧锁。

一位当地的朋友为我们提供了一辆SUV和司机。这位开钢铁厂的企业家告诉我们,全球金融危机已迫使他让30%的工人下岗,其中大部分都来自四川。

汉旺钟楼已成为那个凝固时间点的纪念碑。

第一部分　　天崩地裂

震后的汉旺到处都是一片残破的景象。

一路上，我们仿佛穿行在一座由各种材料临时拼凑起来的城市。

很多人围着这些小棚子忙活着，用捡来的五花八门的材料加固他们的家：一些棚子的墙是用旧门拼起来的，门曾经是天花板，而用来当天花板的则是一块块波纹金属板。

小块的肉吊在钩子上。桌上堆着香烟和饮料——商业的迹象。煮饭的柴火吐出股股浓烟，在山脚下袅袅升起，像是慢速播放的飓风视频。

我们的第一站是南坝镇的一所临时小学。校长和老师们告诉我们，很多孩子都急需心理治疗。

由于他们离主路较远，救援物资送来得比较慢，还有两所乡村学校的78人仍然住在帐篷里。

"但我们正在运送材料，准备在这里修建临时住房。"校长杜勇（音译）说。

我们下一站停在一座发生了泥石流的山坡前，不少帐篷和窝棚已经出现在坡上。

一位女士正在砍柴，她停下来，跟我们打了个招呼。

南坝镇的孩子们在简易学校里继续学习。

我在路上遇到严女士时,她住在用各种物品拼凑起来的棚子里。她的哥哥和嫂子遇难后,严女士照顾着他们留下的两个孩子。她的哥嫂就埋在山坡另外一边。

在她家老宅子的地基上,立着一顶蓝色的帐篷和一个木板搭的窝棚,上面盖着波纹金属板。

严女士(音译)说,她的哥哥和嫂子被埋在山坡另一侧的废墟下。她和丈夫一边照顾哥嫂的两个孩子，一边努力攒够重新盖房的钱。

她说，只要他们拿出足够的钱打好地基，政府就可以负责其余的事。

"要攒那么多钱可不容易。不知道将来会怎么样。"

在德阳歇了一晚，次日早上我们访问了什邡市的红白小学。什邡市大约74万人已得到灾后安置。

市教育局副书记张开连告诉我们："我们最大的成功就是没有人无家可归。"

离开时，我的感受是四川正要跨越从悲剧到振兴的门槛，即将从破坏走向重建。

这场灾难摧毁了房屋和家园，但摧毁不了希望。

虽然希望并不总会实现，但在四川，我每天都看到它一点点变为现实。

创伤在时间中愈合

2009年，汉旺的那面大钟仍然停留在那个历史性时刻，而生活在钟楼阴影中的人们却感受到了变化。

这面钟仍然是那个灾难时刻的永久象征。

来自世界各地的人仍然聚集在这里，纪念那些天摇地动房倒屋塌时死去的人们。

虽然后来来的人逐年减少，但2009年时，一车一车的参观者纷纷前来。

太阳升起 "美国小哥"见证中国扶贫奇迹

朱瑞雨一家所在的公寓楼和他们经营的丝绸店都倒塌后,她只剩下50块钱。他们用这点钱进了地震纪念品来出售。

那一年我回到汉旺时,钟楼已围满花圈。

幸存者们正想尽一切办法恢复生活。

离钟楼几十米远处,朱瑞雨(音译)开了个"地震纪念品"小摊,其中包括迷你钟楼。

"我看到有人卖这个,我想这肯定有需求,我也能卖这些东西。"朱瑞雨说,"这能帮助外面的人理解和纪念死者。"

地震时,朱瑞雨一家所在的公寓楼倒塌,卖丝绸的小店也毁了,他们只剩下50块钱。用这些钱,他们进了些跟地震有关的商品,比如书籍、DVD和日历等。

"我们那栋四层楼几秒钟就塌了。我家住在一楼,所以我跑了出来。"她说,"我回到家,想翻些东西去卖,最后我们只找到些吃的,就把这些都卖了。"

政府正在给他们家建房,但她还没看到新房。

"我们全家人都没事,这才是最重要的。"

街对面,一位姓张的女士和丈夫也在卖地震纪念品。

第一部分 天崩地裂

汉旺一带经历了由废墟到帐篷,由临时住所到预制建筑乃至现代化住房的重建过程。

"地震前，我们在工厂上班，业余时间卖烟酒。地震后好多来这儿的人都问，到哪儿能找到更多跟地震有关的信息，所以我们也开始卖这些东西了。"她指着一大盒DVD说，每张售价20元。"不过生意也一般得很。"她说。

正说着，一辆车停在小店门前，下来了一车人。

34岁的刘洁（音译）说："我们想来汉旺看看到底发生了什么，看看当地人恢复得好不好，也要向那些遇难和遭罪的人们致以哀悼和敬意。这里简直是另外一个世界，如果不是亲眼看到，我想都想不到。"

我非常理解她的感受。

看得越多，我就越是深刻地理解她。

她买了点纪念品，不记得是什么了。

我买了些压膜照片，很多年来它们一直放在我的书桌上作为纪念。

前往绵竹的道路两侧都是临时搭建的小棚子。

孟友福（音译）一家13口人就住在3个小棚子里。

"我们用原来的家的材料建了这个临时的家，政府也帮了忙。这个地方不算太好住。"孟友福告诉我。

"但是到了12月底我们就能搬进新家了，这对我们来说简直是个天大的好消息！这让我们对未来满怀希望。"

新家不用他们再花一分钱，因为他们跟当地政府达成协议，用老房子所在的地换另外兴建的房子，每个家庭成员都将有30平方米的居住面积。

"地震以后生活已经好多了，今年也比去年强多了。"孟友福说，"现在到处都在修房子，我们都能找到工作。"

城郊一带仍矗立着不少建筑物开裂的水泥空壳。

一栋空旷开裂的建筑里，李帼凤（音译）在一楼开着唯

第一部分　天崩地裂

一栋开裂的建筑一楼，李帼凤开着一家种子店。她说要用好营业执照，她也不害怕，有余震时就跑出去，就像地震时一样。

——家商店卖种子，墙上遍布裂纹。

"我们地震前就租了这里，那时生意很好，我们还有营业执照。所以如果有可能，我们就要好好利用。"53岁的李帼凤说。

"我才不害怕呢。地震时我正在这儿做生意，我就跑了出去。后来又有好多次余震，震感太强了我就跑出去。"

她的女儿还经营着一家分店。

"我们挣的刚够吃喝。"李帼凤说。

她说，政府给他们家盖的新房到了2009年底就可以搬进去，到那时他们准备在新家开店。

我们在附近看到不少招牌，"地震商店""地震车站"，还有"地震银行"等等。中午，我们就在一家"地震面馆"吃了碗面。所谓面馆，其实就是一个便携炉，上面拉一块挡雨篷，旁边支张折叠桌，再围几张板凳。

我们一边往嘴里扒拉着面条，一边看着周围忙着清理废墟的工程车。

日后我们还会在很多类似的小吃摊匆匆填饱肚子,其中很多都以"地震"为名。一开始,这些小吃摊服务于救援人员和灾后重建人员,后来也为悼念者和志愿者服务,再往后也吸引了游客——但到了2013年前后,这样的小吃摊越来越少,那时灾后重建已基本完成。

离开"地震面馆",前往绵竹的路上,几座包裹在脚手架里的楼房标志着我们已经到达汉旺新城。

这些公寓楼建成后,还住在老城里的居民就可以搬进新家,开始新的生活。

但这些乔迁新居的人当中可能不会有72岁的贺贝远(音译)和他的妻子陈达辉(音译),震后几个月时我曾经采访过这老两口。2013年我再次见到贺贝远时,他们仍然在等着搬入新家。

学校倒塌时,他们在本地当老师的大儿子和一个8岁的孙子不幸遇难。

"每天晚上一想起他们我就流眼泪。"2008年贺贝远告诉我。他坐在歪斜的公寓楼前的一把木椅上,旁边就是汉旺钟楼。

然后,他哭了起来。

"地震5天以后,我们去学校挖尸体。后来把他们埋在这座山后。"他说着,指了指公寓楼后的小山丘。

回首沉痛的往事,他模糊不清的低语不时又被他的一声大喊打断。我几乎听不清他在说什么。这喊声久久回荡在废墟上空,带着一种幽灵般的质地。

2008年时,类似的哭喊并不鲜见。我们还遇到过一位痛失爱女的母亲,她刚从附近山上采野菜回来,准备给其他子女做饭。谈起死去的女儿,她不禁放声痛哭。

至今每当我在黑暗中试图入睡时,耳边似乎还会传来他们

第一部分　天崩地裂

的哭声。

"我受不了这个世界了！"她哭道。这声音传得很远，引起了回声，仿佛是来自另一个世界的应答。

"这是什么生活呀！"

我永远也不会忘记她。

技术员李忠宇（音译）以前清明节时总要回湖北老家给父亲扫墓，自从地震后，他一直留在汉旺过清明节。

"我失去了很多同事和朋友。"他说，"我想要纪念他们。"

自2008年5月12日之后，李忠宇和他的同事们经历了巨大的变化。那一天，他目睹工厂部分爆炸，然后赶回已成废墟的汉旺家中寻找妻子。

这个29岁的湖北人刚刚在前一年结婚。他在汉旺新镇上班时，妻子留在八角的新家照看他们刚出生不久的儿子。

同样留在汉旺过清明的还有在东方汽轮机厂担任塔吊驾驶员的文瑞（音译）。

"我要纪念那些没能挺过来的朋友。"这位38岁的成都人说。

地震后她搬到八角，生活发生了巨大的变化。

她的工资翻了一倍还多，每个月收入大约3000元。她说，工厂也比以前先进。

"大城市更方便，但也有更多需求。"她说。

最让她操心的是15岁女儿的教育，不过女儿的课余学习面已经比原先广得多。

"周末我们可以开车带女儿到处逛逛。城市可以提供更多促进她发展的东西。她可以去更多地方，见更多人，见识更多东西。她的眼界更广了。"

另一位汉旺居民蒋梅（音译）说，地震发生时，她立刻跑到9岁女儿的学校,自那时起,生活已经有了很大变化。

"生活比地震前好多了。"这位36岁的女士说,"那时候我们哭啊,现在我们很感谢拥有的一切。"

地震当晚,他们一家在帐篷里过了一夜,天还下起了雨。能有一个新家她特别感激。"我们不光有了家,还有各种电器。"蒋梅说。

变化也不仅发生在物质方面,蒋梅说,她的心中充满了爱。

"这场灾难告诉我们,应该教会女儿去爱别人、帮助别人,对她得到的帮助要感恩。地震告诉我,我们都应该这样生活。我们全镇都学到了这一课。"

这是通过时间学到的一课。

坚持的力量

王惠琼(音译)和丈夫的农家乐开张之际,地震粉碎了他们梦想的根基。

他们借了6万元创建农家乐,除了银行贷款,还向亲戚朋友借了不少钱。

当时这在当地可是一大笔钱。

2009年春,我见到这位63岁的女士时,他们的农家乐弯腰驼背,满布裂缝,正等着拆除。王惠琼一家住在用板子、木头和砖头拼凑起来的小棚子里。棚子上的防雨布用废墟里找来的水泥块压住。

"老了老了本该享受享受了。"她哽咽着说,"农家乐

第一部分　天崩地裂

是我们的梦想。太漂亮了。我们可以接待村外的人，挣大钱。我们本来希望过上好日子。这下全毁了。"

随着我们在灾区越走越深，我们看到龙门山一带更偏远的地方恢复得更为缓慢。

绵竹市的清平镇与震中就隔着一座山。地震后，只有王惠琼和另外几个村民留在清平镇外的村里。很多农村居民已经搬入城镇。

她的丈夫在地震中腿断了，虽然到河北省得到了免费治疗，但还是不能重新工作。政府仍然给他们免费提供大米。

王惠琼和丈夫倾其所有建起来的农家乐变成了一片废墟。

地震后，王惠琼一家用废墟里捡来的材料搭了个简易棚子。

"我们没有法子挣钱。"王惠琼说，"我们需要钱来生活，得还农家乐的债，还得把它拆了。"

政府已经给他们发放了22000元，但她说，这远远不够解决他们的债务问题。

他们的儿子在出清平的工路上当安全监理，这些道路上往来的都是施工车辆。从他们的村子出来刚几公里，路就断了，

027

地震导致多条道路开裂或被埋。地震前这里就经常发生滑坡，余震更增加了滑坡的频率和强度。在汶川灾区采访中，我们经常被困在滑坡阻断的路上几个小时。

此后好几公里的道路上都堆满了巨石和泥土，一直冲出公路好远。

我们尽可能往前开，直到一场余震引发的滑坡彻底拦住了去路。

这些年来，我时常因为滑坡而被困在车里几个小时。

待在车里时，我经常祈祷滑坡再也不会发生。

我深知，是我们闯入了泥石流的领地。它们是自己地盘上残暴任性的小霸王。

只有一次我们正往山上开时，只听"哐——！"一声，一块保龄球大小的石头砸中了我们的车身侧面。

当时我们只知道有石头砸中了车身，但不知道石头有多大，它是不是还带来了更多伙伴。

第一部分　　天崩地裂

那时我不由想起了2008年被困在那辆巨石压扁的车里的同事。

事实证明我们只是虚惊一场，但在当时我们完全不知道会发生什么。

2009年在去清平的路上被泥石流挡住去路时，我们正顺着坑坑洼洼的双向盘山路缓缓前行，不是一块石头砸中了我们的车，而是我们的车撞上了早已滚到路上的一块巨石。

坐在车里感觉就像是骑在一匹尥蹶子的烈马背上。我不仅能想象，更能清楚地看到，对于我们的司机来说，这样的感觉更强烈。

我们下了车，查看车受到多大损害，也看看周边的情况。

这里原先是"银杏度假村"。

但度假村的影子都找不到，连遗迹都没有。

我们这才意识到，度假村的房屋——连同里面的人在内，就在我们的脚下。

只有它的牌子幸存。

天空仍是铅灰色，这要拜四川闻名遐迩的浓雾天气所赐。在四川采访时我几乎从没见过太阳。

在那一刻，周围的一切仿佛都被涂上了一

银杏度假村被碎石掩埋。我和朋友过了好一会儿才明白，我们正站在这座度假村的上面。

地震引起的滑坡破坏了水坝、阻塞了河流,迫使水流改道,建筑物的底层被淹没,门洞流出了瀑布。

去清平的路上,工人们正在维修一座损毁的水坝。　　泥石流瞬间掩埋了这几座高层建筑。

层幽灵的光泽,从地理和地质上来说,我们所在的世界已经融入来世。

滑坡迫使当地的河流改道,附近的建筑物如果没有埋在碎石里,也多半淹没在水中。一道木制水坝下游的山脊上,一座公寓楼的底层门洞里吐出多条瀑布。水流下面躺着一辆被砸扁的汽车。

远处,几座建筑的顶楼从掩埋了清平镇的泥石流中探出头,像潜望镜一样。无法知道这瞬间来临的巨量泥石流到底吞

第一部分　天崩地裂

没了多少层楼。

在银杏度假村及其客人被粗暴掩埋的地方,只剩下几个沙堆,有人插了些红蜡烛,点起了香。

我和四川好友、同事付敬站在那儿,眼前景象的沉重意义就像那吞噬了无数生命的泥石流一样,向我们铺天盖地地涌来。

我的胃一阵痉挛,心翻到了嗓子眼。

我眼前一阵眩晕,整个世界都在旋转,直到上和下都失去了意义。

各种施工设备努力刨除路面泥土和石块发出的轰鸣在山谷中回响,除此之外,目力所及,一切都被诡异的荒凉和死寂占据。

我们也默不作声。

良久,付敬指向那些纪念逝者的香,它们为地下亡人标注了一个个惊叹号。就在香的旁边,有一个小水洼。

水波中晃动着一些小小的绿色问号。

蝌蚪。

"瞧!"他叫道,"生命。"

我们都笑了。我的泪水夺眶而出。

我的心仍然很痛,但终究落回了原处。

被泥石流掩埋的大楼上方,人们点燃了香烛。旁边水坑里蠕动着蝌蚪。在死亡面前,这些祭奠用品和正在成形的青蛙彰显着生命的顽强。

即便是这样一个在灾难中瞬间荒芜的地方，生命仍再次显示了它的坚韧。

生命不但在这样的逆境中顽强生存，而且新一轮生命已经开启。

到了什邡市中心，仿佛是另一个世界，这个县级市几乎看不到任何此次地质灾变的痕迹。

而离此不远的蓥华镇却仍是一大片废墟、帐篷和简易房，这个小镇距震中仅20公里。

这里仅存的几座尚可住人的房子里，谢子发（音译）一家四口在一层楼经营着一个厨具店。

"地震后，我的生意比以前反而更好一些。"他告诉我，"好多人必须买新的用品去代替损失了的用品，这也包括厨具。"

对于房屋受损的居民，政府用每人25平方米的新住房来替换原先旧房用地。

谢子发说他们家的新房一年内就可以盖好。而他们的邻居程伟福（音译）说，他们得等两年才能搬家，不过他们首先得把农村的老房子清理出来。

"临时安置房现在暂时能用，就是没有地震以前我们的老房子方便。"程伟福说。

蓥华镇中学的屋顶坍塌时，程伟福12岁的女儿不幸遇难。他的另外三个女儿都幸免于难。

学校虽然未倒，但也岌岌可危。

15岁的张雨阳（音译）是程伟福女儿的同班同学。他说："我很想念我们的老中学。临时学校也就是这样吧。"

她的好友，14岁的孙莹（音译）补充说："我想回到地震以前的生活。我想过平静的日子。"

什邡市红白镇的师生们也仍然沉浸在悲痛之中。

老师张勇（音译）说："大家都承受了巨大的创伤。一些学生开始不听话，很多人不爱说话，上课也不举手提问。"

老师们在临时学校建了一间小木屋，有需求的学生可以在这里暂避一时，与同龄人探讨困扰他们的问题。

红白镇学校里有心理辅导员，但张老师担心他们的资质。他说，很多辅导员只受过志愿者不到一个月的培训。

"好的心理咨询需要长期的培训，没有足够的人手来做这件事。"

他说，源于地震的情绪问题并不仅仅出现在那些痛失亲人的人当中。

"即使是那些没有失去亲人的人，地震的破坏力也摧毁了他们的安全感。只有时间才能帮助创伤愈合。"

他说得对，时间愈合了创伤。

墓园里的新家新希望

杨载裳（音译）锄着一小块菜地，不时瞥一眼全家刚刚搬进不久的七室新居。

"这些房子可比我们地震中倒掉的老房子强太多了。"这位72岁的老太太说，话音与铲土声相和，颇有节奏。

这些位于四川小鱼洞镇的西式房子由四川大学设计，可以承受8级大地震。在当时的中国乡村，这些房子的面积和先进程度堪属前列。

村支书王刚（音译）说，为了这些房子，当地每户人家自己花了1万元，中央政府拨出4万元补助，而震后与四川彭州市结成帮扶对子的福建省则出了8000元，不足部分由来自海外的捐款补充。

尽管房子的钱有了着落，杨载裳说他们一家五口人还是很吃力。她的老伴在外省打工，儿子已经去世，还有一个女儿和女婿带着个外孙。

"我们家经济困难，所有家具和电器都在地震中毁了，全都得重新买。"她说，"我们是一步一步慢慢恢复，还需要好长时间。"

2009年5月，杨载裳和其他460多人一起首批搬进新居。王支书说，年底以前其余的1300多位村民将分两批入住。

王支书说，村里380座房子里只有10座经受住了地震的重击，11位村民遇难，20人受伤。

附近的路边，一堆一堆的石头上插着小旗，这是遇难者的坟墓。

王支书说，那些在这场灾难中失去亲人的家庭可以把子女送到福建，免费上学。

震后重建给小鱼洞的居民创造了就业机会。那些建设安置点的工人中，超过1/3都是当地人。但王支书说，地震后村里的壮劳力有40%以上去了城里。在福建省和四川省省会成都，彭州居民可以获得就业培训和优先就业机会。

地震中被泥石流占据的耕地，以及那些因为居民进城找工作而抛荒的土地，都被重新开垦。

杨载裳说，地震造成的塌方占了他们家大概15%的庄稼地。

2008年5月中央政府公布了一项政策，对因灾无房可住、

第一部分　　天崩地裂

大地震使小鱼洞镇瞬间变成一片废墟。摄于2008年8月1日。

2011年4月17日,已建好的小鱼洞农村新社区。

035

无生产资料和无收入来源的困难群众,每人每天补助10元钱和1斤成品粮,补助期限三个月。

"现在大部分人都能自己种庄稼了。"杨载裳说。

她说在临时安置点做饭很麻烦,所以他们经常回到倒塌的老屋子去做饭。

小鱼洞和白水河是彭州受灾最严重的农村地区。

灾难过后近一年,市中心已经很难见到地震的痕迹。

通往附近乡镇的路上,一队队施工车辆轰鸣着,很多路段仍在修理,路两侧也大多是碎石和重建的工地。

在彭州市区和小鱼洞之间,新区的新楼在施工防护布里面成形。福建援建的白马中学、老年福利中心和人民医院都竣工在即。

工人们正在拆除阳平村的临时安置点,很多居民已搬入新家,但仍有一些人住在金属板房里。

那些地震幸存者曾经住过的帐篷和小棚子要么已废弃不用,要么开起了小生意。一些地方挤满了打麻将、喝茶的人。

在黄村,罗远君(音译)和家人正在倒塌的老宅路对面盖新房。

政府为他们一家五口(罗远君夫妇、她的父母和他们的儿子)的90平方米新房提供了4万元,他们自己要承担余下的2.5万元。

"我们临时的家夏天热得很,全家人都挤不下,所以只有几个人住在这里。"罗远君说,"我们等不及要搬进新家,比我们老屋子好多了。"

谈起新家,她喜笑颜开。不过,由于她丈夫在云南省一个矿上当经理,他没有资格领政府的补助。

"我们就靠他挣钱,还有种地的一点收入。"罗远君说,"但这还是不够,我们必须想办法挣钱才能交上我们这一部分买房子的钱。可我得待在家里照顾父母,没有办法出去挣钱。"

由于震后的雨水泡坏了他们家的家具和电器,他们还向政府借了一笔贷款去买家具电器。

她指着门口的一台新电视笑着说:"不过总体上,我们很高兴全家平安。"

"猪坚强"和她的主人

我在震区遇到的最有趣的英雄之一,不是一个人,而是一头猪。

我遇到的最有趣的人之一就是她的主人。他说,自己死后想变成一面鼓。

这头猪被救出时,已在废墟下被困36天,她渴了喝雨水,饿了吃木炭,掉了2/3的体重。全中国都被她的坚强所感动,于是她被称作"猪坚强"。

这段苦难让猪坚强格外珍惜食物,不久,她就得了肥胖症。她的饲养员觉得,有了废墟下的经历,猪坚强有理由担心每顿饭都是最后一餐。

"她胖到走都走不动,所以我们每天都得遛她两回。"照顾她的王福清2009年告诉我。

我第一次见到猪坚强时,她刚刚住进四川省大邑县的建

2011年的猪坚强。这头母猪一度过于肥胖,不过这时她已恢复了行走的能力。地震时她在一座倒塌的农舍下面被困了36天才获救,忍饥挨饿活了下来,因此感动了全中国。

川博物馆。这是中国最大的私立博物馆之一,设施先进,理念环保。

"很多人来参观,因为这头猪告诉人类,在大灾大难面前永远不要放弃。"博物馆的规划部负责人吴志维说。

"她不单是一头猪,她是个英雄。而且她很有个性。"

猪坚强已经成了真正的网红,在一群端着长枪短炮的粉丝面前摆出各种pose。

建川博物馆内两个纪念"5·12"大地震的展厅开幕时,最吸引人的就是猪坚强。

那时她刚刚登上"2008感动中国十大动物"榜首。中国少年儿童出版社也在着手出版一本根据她的故事创作的图书。

建川博物馆的艺术总监郭钢(音译)说,为地震展厅布展相当有挑战性。

"我们不可能百分之百再现震后的实况。"他说,"但我们尽了最大努力去还原地震现场的环境。"

博物馆创办者樊建川说，他相信这些展品不单提醒我们不要忘记过去，更能指引我们走向未来。

他的话竟成了预言，印证的时刻来得比我们俩当时想的还要早。

2013年4月初我最后一次见到他时，樊建川说："如果我再活30年，还会看到龙门断裂带发生重大地质事件。"

几天之后的4月20日，龙门山脉发生7.0级的雅安地震，超过200人死亡，伤者过千。

樊建川后来在电话中告诉我，他的预测来自对博物馆展品的观察。

"这些展品是对中国人民的警钟。"他说，"它们提醒了决策者，这才是我的博物馆最重要的一课。"

建川博物馆的两个关于汶川地震的展厅，也介绍了龙门山脉历史上发生的地壳运动。

2013年雅安地震前樊建川告诉我，1933年这条断裂带上的一场地震淹没了如今阿坝藏族羌族自治州的一个镇，现在那里仍然深藏水下。

1976年，平武的一场地震也造成了大量死亡。之后就是汶川地震。

樊建川心中最有表现力的一件展品是一位新娘的婚纱，地震造成的瞬间洪水夺走了她和新郎的生命。

"这凸显了这场灾难的悲剧性。"他说，"两人共同生活的明亮开端就这样瞬间变成了他们的结局。"他们尚未开始甜蜜的共同生活，就已实现了"至死不渝"的誓言。

我见过的人当中，也许樊建川是最古怪的一个。

在建立他的博物馆王国之前，樊建川曾经是农民、士兵、大学老师、企业家、医生，乃至四川宜宾市副市长，然后他辞了职去创建博物馆。

他看上去根本不像个大亨。我见到他时,他身着迷彩裤和一件完全不搭调的夹克。

而且他真的给自己的儿子起名叫"回锅肉"。

他这么说时,我们正一起分享这道名菜。

也是在那次饭桌上,他告诉我,此生最大的遗憾是死后无法把他的皮做成汉代皮鼓,让参观博物馆的人敲一敲——得先付费。只要敲起他的鼓,樊建川就会出现在一段录像里,说上几句,然后开始跳舞。

这种连敲带跳的习俗来自古老的"鼓舞",至于人皮鼓,那完全是樊建川的创意。

"我死之后,"他说道,"如果能继续给我的博物馆挣钱,我会很自豪。如果我是一面鼓,只要博物馆还开着门,我就能一直待在我的博物馆里——至少我的肉身是这样。"

樊建川已经让律师们起草了遗嘱,而他的妻子毫不给面子。他只好认了命。

无法实现当一面鼓的夙愿,樊建川计划将器官捐献给医学研究,博物馆则捐给政府。至于他的骨灰,就埋在他办公室窗外的一棵树下。他的办公室和图书馆都将作为博物馆的一部分原封不动地保留。

"烟头就留在烟灰缸里,连手纸也不要冲掉。"

这些年我回去看望猪坚强时,几次都碰见樊建川。

猪坚强的故事见报两天后,樊建川就从一位农民那里买下了她。她原先的主人要价2000元,樊建川给了他13800元。

"地震后他们需要用钱。"他说。

每年的地震纪念日,猪坚强的老主人万兴明就会来看她。那一天,猪坚强总能吃到一个特制的蛋糕——这时不用担心体重的事。

我初次见到她的第二年，猪坚强的四个克隆体诞生了。

2013年4月初我最后一次见到她时，猪坚强已经6岁。

"5月12是她的再生之日。"樊建川说，"大多数猪一成年就被送进屠宰场，她已经活到了中年。她肯定是全中国最幸福的猪了。"

2013年，猪坚强已经6岁。她已经成了克隆体的母亲。

说得太对了，她肯定不会变成一盘回锅肉。我向她的新主人点了点头，一边将厚厚的一片有着大理石纹理的回锅肉送进嘴里。

重生的希望

刘莉（音译）刚满5个月的女儿是他们一家人重生的希望。

这位42岁的母亲家住都江堰。2010年有数千位像她一样的女性迎来了第二个孩子，她们都在2008年大地震中失去了第一个孩子。

由于当时中国尚未实行放开二胎政策，绝大多数夭折的孩子都是独生子女。

再次迎接一个小生命正帮助这些父母应对失去子女的悲痛，他们获得了第二次为人父母的机会。

"没有孩子，我们的家就不完整。"刘莉说，"我们特别亲近，我女儿的同学好嫉妒她。"

2009年12月4日，王小琴（音译）在绵阳404医院剖腹产生下了一个女儿。一年前，这位37岁的母亲10岁的大女儿死于倒塌的一所北川学校。

四川省教育局的数据显示，全省有5335名学生遇难。

省计生办说，数千对失独夫妇希望再生二胎。2008年底，已有757位妇女怀孕。

心理学家刘猛2009年5月告诉我，来到他在都江堰的志愿服务中心"妈妈之家"接受心理咨询的200位母亲当中，约一半已有身孕。

15岁的女儿胡惠珊（音译）在倒塌的聚源中学遇难后，刘莉整整一周没有走出家门，每天就呆呆地盯着女儿的遗像。

第一部分　天崩地裂

地震后新生儿的诞生让许多家庭从那场灾难的悲痛中走了出来。摄于2011年5月12日汶川地震三周年。

"珊珊在天堂里是个孤儿。"她强忍着泪水告诉我,"我都想在她坟边盖个小房子,去陪着她。"

二女儿惠恩的降生有助于妈妈面对姐姐的死亡,特别是刘莉相信这是大女儿的转世。

"她们俩太像了。"她说,"我们还想过把惠恩也叫惠珊,可这样的话对她们俩都不公平。"

这对夫妇更喜欢把两个女儿称作"恩恩"和"珊珊"。

同在都江堰的龚晓利(音译)和严文学(音译)夫妇说,9个月前他们儿子严子昊(音译)的降生,给他们阴霾密布的生活带来了一缕希望之光。

这对夫妇说,自从10岁的儿子严卓新(音译)被埋在新建小学废墟下,他们的创伤从未愈合,一直在加深。

"我们只有在过节和他生日的时候去上坟。"严文学说,"去得越多,我们就越伤心。什么也不能让我像以前一样

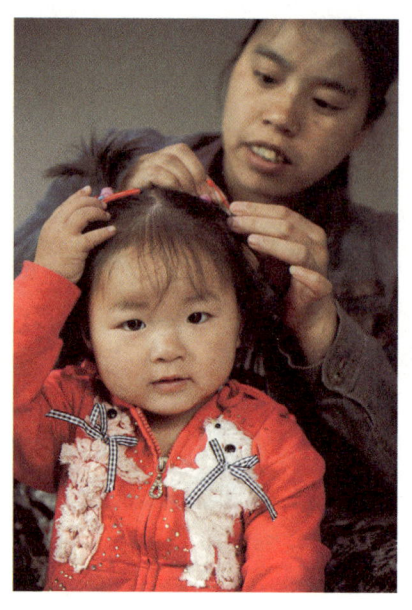

2011年5月12日,汶川地震三周年,尚兴平要带一岁多的王雨萱去祭奠两个哥哥,出门前她把女儿打扮得漂漂亮亮的。

开心了。想想吧,你的心头肉就这么被剜走了。"

我试着去理解,但只能靠想象。

多年后,当我也成了父亲,一想到此事就更加难过,虽然我还是只能想象他们的悲痛。

这对夫妇说,他们再也不会完全愈合,但他们感到,子昊的降生缓解了悲伤。

"这让我们的心不那么刺痛了。"严文学说。

相对于那些自从震后就在努力而一直未果的家庭,严文学觉得他们能迎来第二个孩子已经非常幸运。

由于很多母亲已到中年,生育能力有所下降,妊娠期并发症并非罕见,而流产也时有发生,这又触发了新的创伤。

刘莉和丈夫胡明(音译)就很为她的健康担心,因为她已经40多岁了。她得了妊娠期糖尿病,胆汁也一度不畅。受孕最初的两个月,她还经历了内出血。

怀孕本身和各种生育并发症时常代价高昂。

36岁的陈艳群(音译)一家自从宝宝王成将(音译)10个月前出生以来,债务就越积越多。

这对夫妇本未打算再要一个孩子。尽管他们非常想念10岁的女儿王迪(音译),但他们知道自己承担不起养育第二个孩

第一部分　天崩地裂

子的经济负担。可是小生命仍然不期而至。

由于早产,他们的宝宝刚一出生就在医院的监护病房待了两周,这花去了2万元。

10个月中宝宝又住院四次,这个家本来就不少的债务又加上了1万元。而由于早产儿喝不了母乳,只能用昂贵的进口婴儿奶粉。

陈艳群的丈夫在都江堰当保安,她是个家庭主妇。宝宝添加辅食后,每个月省下来的奶粉钱有800多元,而他们每个月1000元的收入还是只够儿子的花销。

债务实在太高时,这个家庭到当地的计生委寻求帮助。陈艳群说,跟办事人员激烈争吵后,她告诉他们,"要是你们不救救我的孩子,我就死在你们办公室里。"

陈艳群说,为了儿子,在债务中挣扎和其他一切努力都值得。

33岁的邓丽(音译)和7个月大的女儿许小丽(音译)没有遇到健康问题,但小生命的到来仍给他们带来了更大的财务压力。

这位家住什邡红白镇的中学艺术教师要养活七口人,他们挤在只有一个房间的宿舍里。

"感谢志愿者们和咨询师们,我们已经好多了。我非常感谢他们。"邓丽说。

她也认为再养第二个孩子值得所有额外的辛苦。

"她好可爱的!"她说,"我特别想念大女儿,现在我全心全意地照顾老二,这让我更好地应对(悲痛)。"

对于邓丽一家来说,许小丽不仅仅是一个新生命,她也是全家人获得新生的机会。

得到第二个孩子帮助刘莉走出了失去大女儿的悲痛。但她仍然希望惠珊不被忘记。

在一个笔记本上，她偶然发现了女儿潦草写下的QQ号，于是她买了本电脑操作手册。

她定期更新女儿的博客，发的都是女儿最爱吃的美食、最爱看的卡通的图片，以及全家人的照片。

博客首页上写道："让我们纪念这个可爱、漂亮的女孩。"

"我们希望珊珊在天堂里得到幸福。我们三个的心会永远陪着她。"刘莉说，"我们希望恩恩能陪着我们在这里享受美好的生活。"

"鬼城"

2011年，时间已经抛下汉旺老城那面停摆的大钟流逝了三年，而这里仍然是冻结在过去的一座"鬼城"。

这不仅仅是因为围起来的汶川地震废墟之上没有任何人影，尽管废墟之下仍然掩埋着逝者。这更是因为这种末世浩劫的景象充满了另一个世界的色彩。这一片寂静呐喊着这里曾经发生过可怖的事情。

四川省旅游局曾宣布要将这片废墟作为旅游景点开放，但这里还是被围着。入口处的一个岗亭里，有警察在看守。旁边是汉旺以前的公安局大楼遗址，路对面就是钟楼。

大门外一个告示牌上写道："请：放轻你的脚步，放低你的声音，给逝者以安宁。"经过这个牌子时，仿佛跨入了另一

第一部分　天崩地裂

地震摧毁了汉旺90％以上的建筑。

经过汉旺老城边的这块牌子时,仿佛跨入了另一个世界。

个世界。

我记得2008年第一次来时也看到过这块牌子。

汉旺倒塌的建筑里仍然埋着数百人。政府公布的数据显示,当地90%以上的建筑在地震中倒塌。

废墟中的建筑残骸大大小小,形形色色,有整栋公寓楼的空壳,像巨大的水泥文件柜一样矗立着,也有小块的水泥,大楼倒下时一波一波砸到马路当中。

变形开裂的楼梯冲出了许多建筑的外壳,仅靠钢筋支撑着。它们就像荷兰版画家莫里兹·艾雪的多维楼梯迷宫图一样扭向各个方向。其中一些在风中晃荡着。

很多楼的顶层已经成了底层,另一些楼的底层则变成了顶层。

东汽小学宿舍窗框上挂着烂掉的袜子,显示了这里曾经鲜活而早已逝去的生命。

倒塌的小学门口一个横梁上用英语写着"时间就是金钱,时间就是生命"。

倒塌的东汽小学门口一个横梁上用英语写着"时间就是金钱,时间就是生命"。

第一部分　天崩地裂

汉旺幼儿园的废墟。

当初挂这两个牌子的人一定想不到，救援人员争分夺秒搜救被困在瓦砾堆下的学生时，哪怕早几秒也意味着生还的可能。

更令人触目惊心的是幼儿园，突然逃跑的痕迹随处可见。

游乐场上散落着很多小小的鞋子，小主人仓皇奔逃时鞋子被甩了下来。

一间美术教室里，画了一半的大熊猫周围，水彩笔的笔盖都没来得及盖上。塞住楼梯的柜子中，一摞上色本从书架上散落。而在午睡室里，躺在小床上的是一些天花板碎块，所幸小主人们躲过了一劫。

教室里到处都是学习用品，它们被匆忙遗弃，在地震中散落各处，然后整整三年就躺在原地一动不动。所有一切都盖上了厚厚的一层灰，令人遥想起意大利的庞贝古城。

空气中散发着一股潮湿发霉的气息。

裂缝像愤怒的蜘蛛腿一样爬得满墙都是，而整座楼却大致无恙。

再往前走一点，高中只剩下了一个大门，上面仍然挂着大大的"福"字。教学楼其余的部分已是一座藤蔓正努力征服中的瓦砾堆。

这些藤蔓是仅存的活物。

或者，表面看来如此。

自从救援行动结束，汉旺老城随即被封，但人类活动留下的新痕迹比比皆是。

高中遗址前面，一个由黄花组成的心形前面，摆着个花圈。

街对面一根电线杆上粘着一张2009年的通缉令，公布了四个涉嫌枪击命案者的头像和特征描述。

已经变成废墟的老城被封一年之后，何以又出现这样一张通缉令？我百思不得其解。

然后，我看到一个正在瓦砾堆里拾荒的老人。他头戴斗笠，一个麻袋压得他佝偻着腰，里面装满了鞋。

一些纪念逝者的鲜花是废墟中不多的生命迹象。

街道正中一个大土堆上玉米茂盛，鸡鸭成群。

这些家禽附近一个小棚子的入口处闪过一个人影，很快又消失了。这也许是汉旺老城最后一个居民，看起来就像是这里众多死者的幽魂。

擦干眼泪

李桂花（音译）不再揭开冥纸一张张投进火堆，而是把脸深深埋进紧攥在手中的冥币，泣不成声。

她丈夫王伟福（音译）告诉我们，这位41岁的藏族农妇至今无法面对他们11岁的女儿王琦（音译）和同岁的侄子双双去世的事实。他们待侄子视同己出。

三年前，这对四年级同班同学死于倒塌的映秀小学，同时遇难的还有约400名学生。

"每次我们来这儿她都哭个不停。"39岁的王伟福说。

他看起来很坚强，我意识到，也许他必须如此。

在哽咽声中，他妻子描述着已故的孩子们。"她很害羞，他很勇敢。"

王琦17岁的姐姐王咏（音译）和20岁的表哥杨卫（音译）每年清明节都会回到"5·12"汶川特大地震遇难者公墓（当地人称之为"万人坑"）祭奠。清明节通常是每年的4月4号到6号之间。

那一年，我去采访纪念活动时正好赶上我的生日。

"她（王琦）总是很平静，在家里很听话，还帮着洗

太阳升起 "美国小哥"见证中国扶贫奇迹

2011年的清明节,李桂花和她39岁的丈夫王伟福在映秀"5·12"汶川特大地震遇难者公墓祭奠他们11岁的女儿王琦和同岁的侄子,他们待侄子视同己出。远处,重建中的映秀新城渐渐成形。

碗。"杨卫说,"她给我留下最好的记忆是她姑姑结婚那天,她穿着姑姑的围裙帮忙做家务,好可爱。"

这户农民从川西阿坝藏族羌族自治州金川县开车来映秀,和数千人一起参加清明悼念活动。

"5·12"汶川特大地震遇难者公墓占地半公顷。这片山坡原来是玉米地,震后被紧急用于埋葬大约6000具遗体,以避免瘟疫流行,这占了地震前映秀人口的1/3。

在汶川大地震死亡总人数中,映秀的死亡人数占了近9%。如此多的遗体,如此短的时间,不可能按照传统方式——安葬。

很快这里就挂满了悼词,藏式风马旗迎风飘扬,最终这里向公众开放以供纪念。

"我们都不知道孩子们埋在哪儿。"李桂花说,"可能在山坡上的任何一个地方。"

胡建国每天都见证着这样的悲痛,他是5·12汶川特大地震遇难者公墓的看守之一。

"每个来到这里的人都是世上最伤心的人。"这位71岁的老人说,"他们一群又一群地赶来,还没到门口哭声就先到了。"

胡建国说他经常想起一个年轻女子,一边哭一边点燃三根烟,把它们像插香一样竖着插在地上。

"她说:'我来看你了,大哥。我们亲近得很,如果有来世,但愿咱们还是兄妹。'"

胡建国的老同事,2010年9月退休的马福洋说,他忘不了一位阿坝松潘县的老人,他的儿子死于倒塌的映秀电厂。

"他的心都碎了。"67岁的马福洋说,"他成天坐在松潘家里,面朝着'万人坑',嘴里不停地说:'我的儿!我的儿!我可怜的儿啊!'"

"每一年清明他都会来。"

那一天这位老人是否也在呢?我一直在想。

人们纪念的死者中很多都是孩子。当地小学3/4的学生未能生还。

马福洋说映秀小学有一位叫秦秀春(音译)的老师,被埋在教室下面成功获救,她总是坐在坟地旁,一言不发。

有一次秦老师和四个孩子带来了幸存的学生们做的一盒贺年卡,送给遇难的校长彭则文(音译)。

胡建国说:"秦老师告诉我,她无法面对这么多师生的死亡。她总是半夜醒来大哭一场。"

马福洋还记得时常来给8岁女儿上坟的李青云,他在汶川县卧龙乡农村信用合作社工作。这位父亲请人在墓碑上刻的文字大意为"我家的悲痛永远不会被遗忘"。

太阳升起 "美国小哥"见证中国扶贫奇迹

胡建国走回他在渔子溪的小棚子,大概800多人住在这个临时安置点。2010年9月,他从映秀遇难者公墓守墓人的岗位上退休。2011年,这片安置点就搭建在墓地上方的山腰上。

马福洋回到渔子溪的住地。

马福洋说自己不识字,但他和胡建国深深地理解这位父亲的心情。马福洋12岁的孙女马红月和胡建国11岁的孙子胡正军也都死于同一所学校。

胡建国说,地震那天孙子好几次跟他说:"爷爷,我真的要走了。"当时他回答说:"你咋这么奇怪啊?"

他说,这是个乖孩子,6岁起就给家里做饭。

"可是他爹妈不喜欢他,只要一生气就打他。现在他再也不会挨打了。"

第一部分　天崩地裂

接替他们当守墓人的是67岁的马福禄（音译）和他的表兄、76岁的马福伦（音译），他们也有亲人埋在墓地。马福禄失去了11岁的孙女和9岁的孙子，马福伦失去了10岁的孙女。

"有时候想起孙子孙女我就伤心。"马福禄说，他正在堆满红色鞭炮纸皮的垃圾堆里跋涉。

一个装着蓝色牛仔裤的袋子把他的思绪拉回到幸存的亲人身上。

"都没有人穿过。"他觉得很不可思议，一边说一边仔细地检视着裤子，"我家里有没有人能穿得上？"

找到一条裤子能让他这么激动，我觉得很诧异。你还以为他打开了一座宝库，而不是埋在垃圾下的裤子。

老守墓人说，他们经常被那些上坟的人感动，也试着去安慰他们。而他们的接任者看法有所不同。

"来这儿的人都来自不同的县，我们也不认识他们。我们不问那么多，人家都那么伤心了，所以我们不跟他们说什么。"马福禄说，"每天都有人来这儿哭，我们也不知道人家的故事。"

一家幸存者站在能俯瞰遇难者公墓的小棚子外。

为避免震后瘟疫流行,政府在曾经长满玉米的这片山坡上紧急掩埋了大约6000具遗体。人们不知道他们的亲人葬在这片巨大墓地的何处,但他们立起了个性化的墓碑来纪念死者。

马福伦说他已经麻木了。"看到别人哭的时候我不觉得伤心。"他对我说,"这是我的工作。"

他们的前任马福洋说,有时他觉得这样的悲痛压得人喘不过气来。

"看到这么多人痛哭,我也很压抑。"他说,"我就安慰自己,想想政府、解放军和各行各业的人们都来帮助我们的日子。"

地震前马福洋在茂县一个家装公司当厨师。地震后,他花了整整12天徒步翻山越岭赶回映秀。路上他在瓦砾堆里刨出一些大米和火腿,就送到解放军那里。可是解放军坚持不收,他又送到消防队那里,人家也谢绝了。

"我心头火起!"他说,"我就说:'这个没有下毒!你们要是觉得它有毒,我就先尝给你们看!'这样他们才收下了。"

马福洋和胡建国跟大概800多人住在渔子溪,这片临时安置点就搭建在"5·12"汶川特大地震遇难者公墓上方的山腰上。

马福洋住的地方是用两顶救援帐篷加上一些木板搭起来

第一部分　天崩地裂

扫墓的人为逝者焚烧冥币。

的。雨水敲打着竹篾和茅草的顶篷。几年下来,泥地已经踏实,光滑的表面略微凹陷。

这里没有自来水。

屋梁上藤蔓一样缠绕着的裸露的电线送来了电源。

一块打磨光滑的石板上,电饭锅的盖子点着头,吐出股股蒸汽。

马福洋一步一滑走下蜿蜒的山道,蹚过频繁的暴雨留下的烂泥和碎石,经过公墓,才能去镇上。

墓地另一边政府已经给他们家盖好了90平方米的新房,马福洋盼望着乔迁的那一天。

在新家和现在的家之间,马福洋时常在墓地待上一会。

"现在,越来越少的人哭个不停了。"他告诉我,"时间久了,也就没有那么伤心了。"

在时间的阴影中

2013年,汉旺的钟楼依然矗立。

2009年我在钟楼脚下采访过的贺贝远夫妇已经搬回了钟楼旁裂着缝的小屋。地震后,他们搬到临时住处时,不得不留下一些东西,一些小偷拿走了这些物品。

"我整天在这儿,每天都在。"2009年时他告诉我,"我不能走,我必须保护我们的财产。"

他很想搬进新家,但不知道这什么时候才能实现。

"希望政府能尽快解决我们的问题。这个房子不安全。如果发生强一点的余震,这里也可能倒塌。"

地震后,他家的屋子已经下沉了半米。

很难找到工作更让他们一家困难重重。他的三个幸存的儿子之前在东方汽轮机厂工作,现在只能找些建筑方面的活儿。

正聊着,三辆大巴停在了他家门前。但贺贝远对此没有什么反应。

"游客太多了,特别是周末的时候。还有些人是从加拿大来的。我对这些人没什么感觉,大家早都习惯了。"他说,"晚上,几乎所有人都走了以后,这个地方就像个'鬼城'一样。"

2013年我再次来到汉旺时,震惊地发现,贺贝远仍然坐在几年前我采访他时坐的地方,一模一样的椅子,甚至连身上的衣服也完全没有变。

一时之间我甚至无法看出他是否变得更为苍老。

再次见面,他和我一样吃惊,但显然也非常高兴。

第一部分　　天崩地裂

将近五年过去，他似乎被冻在了时间里，就像汉旺钟楼的那面大钟一样，而他终日生活在钟楼的阴影之中。

"我们一切都没有变。"他告诉我。

老两口仍然住在那座歪斜开裂的公寓楼里，后面就是一大片一年前刚刚成为国家级纪念地的废墟。

有些人称这些老者为"钟楼守护者"。

"我们不是真正的守护者。"他的妻子陈达辉说，"我们整天没什么事可做，每天都是这样。我们等着盖新房的地。"

他们在汉新村一直住到2007年，当地政府征用了那片土地，于是他们搬进了钟楼附近的公寓。

地震时，汉新村有大约1700人，其中15户人家后来搬到了钟楼旁边。地震中超过80位村民遇难。有经济实力的村民后来买了房，或者在原来的位置上建了房。

"陈达辉和她丈夫想在原地建房，但是没有得到批准。"绵竹市政府新闻办公室的官员何鹏飞（音译）对我们解释说，"他们损毁的房子在地震

2009年我在汉旺钟楼遇到贺贝远时，他已经搬回开裂的公寓楼。四年后，我又在同样的地方遇到贺贝远，他穿着同样的衣服，坐在同一把椅子上，做着同样的事情。他似乎停留在一个不变的时间点上，而周围的一切都在变化中。

废墟上,当地政府要把那里作为历史遗址保护起来,那个地方不能建房。"

"我们想在一块空地上盖房,2007年以前那是村里的耕地。"贺贝远说,"那块地离钟楼大概3里路,交通方便。"

当地政府允许村民在那里建房,但是大多数人想住在路边。

"没有决定谁住在路边谁不能之前就建不了。"贺贝远说,"在那之前,我们只好待在损坏的家里。这也是个遗址,但还没人要我们搬走。"

他们在这里居住的唯一迹象除了一个菜园之外,就是门前拴着的那条狗。

在这之前一年,他们用上了自来水。这还得感谢钟楼另一侧地震纪念馆的修建。

但他们还是没有电。

"我们很早就得上床,没有灯,什么也干不成。"陈达辉说。

看守东方汽轮机厂遗址的保安帮他们给手机充电。

他们用一个桶上厕所,做饭时靠烧柴。"柴火到废墟里很好找。"陈达辉说。

要到最近的菜市场,老两口得走2.5公里。

贺贝远曾在国营的天池煤矿当矿工。他每个月的养老金刚过1000元,老伴的养老金有1500元。

为了糊口,他们捡拾可回收的垃圾,比如水瓶和废纸等。

他们的三个幸存的儿子住在2公里以外汉旺新城里。

"他们没有稳定的工作,只好住在那边,在那儿好找些零工。"陈达辉说。

她也很想搬到别处去。"希望我们的情况能好转。"

她说。

那时，贺贝远和老伴就可以离开钟楼脚下停滞不前的生活，跟汉旺、四川和全世界一起走向未来。

"地震旅游"帮助幸存者

左凯华（音译）以纪念地震遇难者为生。

这位40岁的藏族农妇家住映秀。地震中她家的房子倒塌，她家原先的那块农用地被用于修建"5·12"汶川特大地震震中纪念馆，旁边就是遇难者公墓。她在公墓门口支起了小摊，卖地震纪念品。

"我们需要钱才能活下去，就摆了这个小摊。"她说。

她的摊上有关于地震的压膜照片、DVD光盘，还有鲜花。

她的那张"桌子"上还留着个门把手。当地居民搬进政府提供的90平方米新居时，那些预制的简易房纷纷拆除，左凯华花50块钱买了扇门。

她翻了翻一沓照片。

"你瞧，这条路断了。"她指着一张照片说，上面显示着一辆被压扁的红色卡车。

指着另一张照片，她解释说："这是映秀小学，已经没了。"

她从德阳的一家工厂买了这些照片，进一套60元，她只卖70元一套。

我买了好几套。

左凯华在映秀地震遇难者公墓门口摆摊卖地震纪念品,有照片、DVD光盘,还有鲜花。当地居民搬进政府提供的新居时,他们住的预制简易房纷纷拆除,左凯华花50块钱买了扇门充当小摊上的桌子。

在遇难者公墓门外,还有五六个类似的小摊。其中几个也在卖藏族手工艺品。

"今年的生意不如去年好。"她告诉我说,"一个月我就挣几百块钱,顶多上千。"

在她的摊边,左凯华的嫂子姚显群(音译)也摆着一个用门改造的摊子。这位44岁的女士说她每天能挣大约50元。

"这点钱哪里够,不过也没有别的办法。"她说。

她的丈夫在一家电厂里打零工,每天挣100元。

姚显群觉得自己还活着已经很幸运。地震时她被埋在废墟里,获救后得到免费的颈部手术,如果要花钱,得20万元。

"如果没有政府的帮助,我早就死了。"她说,"我妈和我妹都死了。"

左凯华则觉得，她10岁的女儿和18岁的儿子及时逃出学校是最幸运的事。

"但我儿子受的打击很大，他拒绝踏进任何学校一步。"左凯华说。

她曾经卖过水果、坚果和饮料。"可我们新家离这儿远得很，搬饮料和坚果很费劲。"她说。

那时每天都有大约40多人来访问纪念馆。

"他们来了解发生了什么事，看看幸存者都怎么生活。"她说，"这是一种爱国主义教育。很多老师把学生带到这儿来，看看映秀人怎样站起来，重新开始生活。"

这些好奇的参观者中就有洪耀贤（音译），一位来自成都的59岁教授。"我来这儿是真的想了解情况。"他说，"我买了张光盘，带回去给家人都看看，因为他们今天没法来。"

我们正聊着，一辆大巴停了下来，涌出28位成年人和10名1到17岁的孩子。他们来自一家光学仪器厂。总经理黄忠（音译）告诉我，这是为了奖励提前完成年度销售额的员工而组织的活动。地震纪念馆是他们旅行的第一站，次日他们还要去青城山参观。

映秀政府事务负责人徐彩莹（音译）说，地震旅游已经成了这个小镇的支柱产业。

"建公墓是为了纪念的目的，不是为了旅游。博物馆两方面的功能都有。"她说，"不过，还是有人来公墓参观，因为他们很好奇。游客推广了映秀，提高了映秀的知名度，而且也给当地居民带来更多收入。"

2013年我再次访问这个公墓时，旅游业已经井井有条，映秀生活的方方面面都有了更大起色。旅游业更为规范，保证了对死者的尊重。

2013年，灾区重建已基本完成，持有执照的商贩在离纪念地较远的地方经营着指定的摊位。

至少已经没有人再用门来摆摊。

但是这些规章制度也让一些人离去，我没有看到左凯华和姚显群的身影，后来我再也没有遇见她们。我只能希望她们已经找到了更好的营生。

在看不到纪念遗址的地方，一些商贩在指定的竹制摊位执照经营。

"我们可以卖照片，但是不能卖光盘。"26岁的小摊主杨红（音译）告诉我，"政府说这些影像太具体，对死者不尊重。"

她说有些摊主还有光盘，但顾客得主动询问，摊主才会拿出藏起来的光盘。

我从没想过地震光盘也能成为黑市流通货。

导游们也加强了管理。

冯学英（音译）从2012年起开始带游客参观遇难者公墓、漩口中学遗址，还有地震时从山上滚落的一块巨石。

"地震前我是个家庭主妇，后来开了个小店，但是生意一直不好。"这位31岁的女士告诉我,"好多人都在带团,所以我也试了一下。我每个月开店只能赚1000块钱左右,但是当导游的收入有两到三倍。好多外面来的人都很好奇。我很乐意领大家看看我们自从2008年以来经历的变化。"

但在那之后不久,政府就要求导游们必须通过考试领证,并且为认证的机构工作。

冯学英只拿到了当地的导游证,她只能带人去参观学校、公墓和巨石。可是她拿到证书后不久就又回去经营小店了。

"经营自己的店自由得多,我自己说了算。"她说,"如果我去给公司干活,就得听他们的话,去他们让我去的地方,按照他们说的时间去。可是我还得照顾我的儿子。"

她的儿子在都江堰上学。"他学习不太好。"她说,"我必须得帮他,不能分心。"

尽管新的制度让她的收入下降,冯学英说她支持这些举措。

"以前根本没有任何标准。"她说,"导游们要价都不同,也没有质量管理。现在有计划、有秩序。我们的旅游业变好了,这对镇上也好。"

应对残障

岳振茵(音译)在坍塌的餐馆里被埋了20个小时,挣扎着活了下来——但被救出废墟后,她却不想活了。

这位50岁的女士在地震中失去了双腿。这场灾难共导致5

万多人落下残废。

地震发生前,她在绵竹一家餐馆工作。那天她刚要下班,见老板忙得不可开交,就到后厨去再搭把手。然后,地震推倒了整座楼。她的丈夫、儿子和亲戚们一直挖到次日上午10点,才将她从废墟中拉出来。

"那天晚上雨下得特别大。"岳振茵回忆说。

"发现自己成了个残疾人,我一下就绝望了,一心只想到死。我觉得自己再也没什么可高兴的事了。"

但岳振茵说,自那以后她已经重拾快乐,这在很大程度上要归功于国际助残组织的帮助。

这个组织为岳振茵提供了定制的轮椅,还给她家门口铺了碎石路,在那之前频繁的大雨总是把这段路泡成烂泥浆。

"路修好以前,得靠别人推着我才能出门。现在,我能自己出去了,我重新独立了。"岳振茵告诉我。

"有了这些帮助,我又坚强起来,又能感到幸福了。"

在岳振茵家附近一块油菜地的边上,26名脊髓受损的幸存者坐在轮椅上围成一圈,轮流将一个乒乓球扔进脸盆。

每当有人将乒乓球扔进脸盆时,互助小组的成员们都会欢呼。每当球反弹出来时,他们也会开心地大笑。当他们赢得奖品时,那就更值得庆祝了——奖品主要是洗发水、速溶咖啡和笔这样的日常用品。

与小组的其他活动一样,这个游戏也是由一名组员发明的。

"我喜欢这一切。小组活动的一点一滴都让我感到高兴。"32岁的陈瑞宇(音译)告诉我。

"我因为地震而残疾后非常沮丧,心里总有片阴影。现在,我有好多朋友,他们给我带来了灿烂的阳光。"

第一部分　天崩地裂

岳振茵在坍塌的餐馆里被埋了20个小时，挣扎着活了下来，但被救出废墟后，她却不想活了。这位50岁的女士失去了双腿。这场灾难共导致5万多人落下残疾。

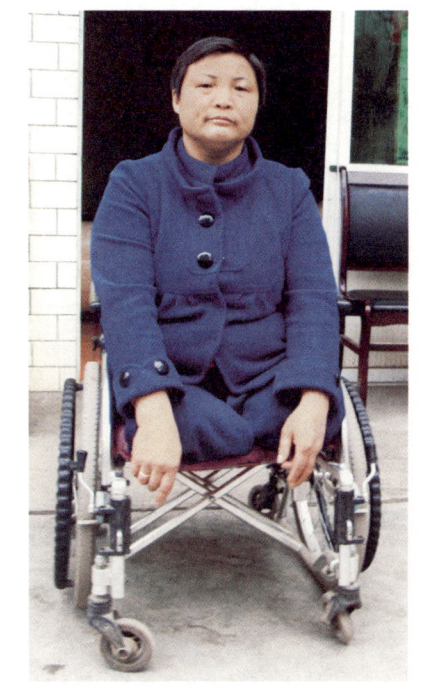

小组成员们地震前从未谋面，现在他们除了参加每月例会，平时也时常聚在一起谈天说地、品尝美食或是血拼购物。

"电话讲得太多，我的电话费每个月都超过100块。"41岁的宋黄芝（音译）笑着说。

那个时候，在那个地方，这笔话费确实很高。

"我们小组的成员都同病相怜。我们可以谈论没法跟别人讲的痛苦。比如说，如果我和丈夫之间遇到困难，我可以问他们有啥法子。"

国际助残组织行动协调员李红回忆说，有两名他们在成都治疗过的绵竹患者，曾经跟他们打听与其同住一间病房的一位女士下落如何，于是他们想到了互助组这个主意。

"她们问：'你还记得跟我们一起住院的那个女士吗？我们很想念她。你能帮我们再见到她吗？'我们做到了。当她们见面时，她们都哭了。这太让人感动了。"李红说。

"因此，我们决定将她们全都组织起来。"

残疾幸存者们发现，和大家在一起给他们提供了很大的帮助,比各自单独面对有效得多。

"他们真心希望互相学习,而不是由一个健全的人来培训他们,告诉他们这样做那样做。"李红说。

"同病相怜者的相互信任有时要强于他们对专业心理辅助者的信任。"

许多残疾幸存者都面临着孤独、与外界失联的问题。李红指出,脊髓损伤患者又是其中最脆弱的人。"这种情况让他们处于心理弱势地位。"李红说。

2008年对3324名残障幸存者进行过一次调查,2010年又对1456名患者进行了重新评估。两次调查发现,脊髓损伤患者完全独立的比率从23%提高到了63%。

李红说:"他们的生活质量仍然低于普通四川人,这主要是由于心理影响。"

2010年的调查发现,35%的受访者患有PTSD(创伤后应激障碍),9%的受访者症状明显,需要专业心理干预。而超过一半的脊髓损伤患者仍未走出创伤。

国际助残组织的绵竹项目经理蔡盛解释说,这种情况也影响了患者的家庭生活。

李红说,有些父母因为无法像以前一样照顾自己的孩子而感到沮丧,而他们的孩子调皮捣蛋,完全没有意识到对父母的影响。

"有些患者现在可能跟丈夫或妻子还有良好的夫妻关系。但是随着时间越来越久,他们的性生活质量可能会受到影响。"蔡盛说。

"国际调查表明,这是脊髓损伤患者面临的主要问题。我们在调查中试着问这个问题,但是绵竹的人拒绝回答这个问题……一位女士说,她必须接受丈夫出去……嗯,找乐子。"

第一部分　　天崩地裂

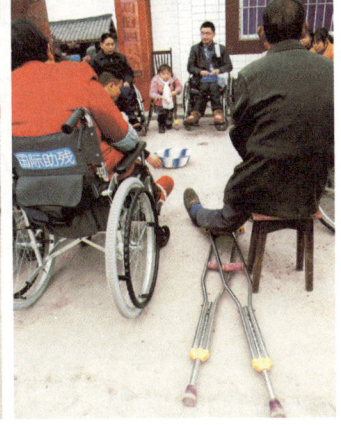

在地震中脊髓损伤的患者加入互助小组，分享友谊、建议和团体精神。他们玩的游戏包括把乒乓球扔进脸盆，奖品是一些日常用品。但真正的奖品是一种与同病相怜的人心意相通的感觉。

　　2010年的调查发现，残障幸存者最担心的头等大事是生计。

　　"也许他们以前是家里的顶梁柱，而现在他们觉得自己是个负担。"蔡盛说。

国际助残组织给40户家庭每家发放了2000元的小额贷款。这与一些专家的建议相反，他们认为接受者无力偿还这些贷款。

李红说："每个人都还上了所有的钱，他们特别珍惜我们提供的帮助。"

蔡盛回忆说，一位男子在地震中四肢受伤，他用贷款去养猪，但所有猪都死于疾病。

"他说：'我的猪死了，但是我在地震中幸存了下来。虽然我失去了一切，但仍然拥有你们的信任和支持。我必须对你们讲信用，我会向亲戚借钱来还贷。'"

他做到了。

大多数人都用贷款去种地，但最成功的要数43岁的谢开元（音译）。他在地震中失去了右臂，他使用这笔钱开了一家麻将馆。

麻将在这个地区非常受欢迎，以至于人们开玩笑说，当飞机准备降落四川时，乘客们能听到下面传来"噼里啪啦"的麻将牌撞击声。

谢开元将这笔贷款与自己的2万块钱合在一处，在2008年底将3张自动麻将桌摆进了与家人居住的临时避难居所。2009年7月他们搬进新公寓时，这些麻将桌也搬了过去。

他每个月的收入约为3000元人民币，比地震前他在汉旺镇的东汽基地当电焊工多出了约1000元。

谢开元的妻子已经退休，他得找到一种生计应付各种开支，他们17岁的儿子在德阳一所三年制职业学校上学也需要钱。

"我想了一下，决定开个麻将馆。"谢开元说，"地震以后，很多人都失业了，他们总得干些什么。"

于是，他们以每张1780元的价格购买了三张麻将桌，打一次麻将收取20元费用。

"刚开始只有亲朋好友来玩。"谢开元说，"我们担心不会有足够多的人来。但是他们告诉了其他人。一传十，十传百，顾客不断增加。因此，我又买了一张麻将桌，后来又添了两张。"

六张麻将桌占据了整个90平方米的屋子，这也是一家人的起居空间。

谢开元说："这里挤满了麻将桌，但比起住在乡下还是要好得多。"地震前他们一家住在响善村（音译）。

"我们住在山上时什么都没有。现在，我们有了天然气、水和电。"而且，他说，全家的收入状况比以前更好，"如果没有麻将馆，我老婆就得经常打零工，每月只能挣大概1000元。"

"比起地震以前，我们挣的钱更多。真的很不错，生活是越来越好了。"

幸存者的"性福"问题

在汶川地震中瘫痪的人询问的第一件事通常是，没有办法走路，他们该如何生活。

随后，他们想问的是，该如何做爱。

为此，绵竹市人民医院开展了性康复疗法。到2013年春，这一疗法已帮助16名瘫痪者恢复了与配偶的亲密关系。

康复中心主任赵正恩自豪地告诉我:"他们当中没有一对离婚的。"

不过,还是有婚外情和寻花问柳的事情发生。

唐思琼(音译)说,康复是有效的。

她说:"我和丈夫那时候都不知道该怎么办。"

"地震后我们试了一下,发现跟以前不一样了。我很担心,因为受伤后我失去了所有感觉。我担心他会和其他女人出去。我现在也还是担心。"

她说,丈夫还是一如既往地支持她、关爱她。"我们关系的其他方面没有什么大的变化。我有一个好丈夫,我俩相处得很好。"

唐思琼的丈夫没有参加康复训练,但她回家分享了自己学到的东西。"他把感情藏在内心深处。但是,如果我问他有什么想法,他会告诉我的。"

赵正恩说,另一位名叫田福刚(音译)的患者的故事也证明了性康复疗法的成功。

尽管田福刚在地震中瘫痪了,但他还是在2012年有了个男孩,同时他继续参加四川击剑队的比赛,而且获得了国家级和地区的奖项,这鼓舞了许多人。

这位康复中心主任说,这项服务的出现还要归功于医院整体康复能力的提高。

地震发生前,这个部门只有4名工作人员,开展基本的门诊服务。到2013年,这里已经有30名训练有素的医生、护士和治疗师,并配有40张床位。

"在起步时,我们并未重视性康复。"赵正恩补充说,非政府组织在2011年邀请专家对医院的医生进行了培训。

"他们介绍了其他国家的脊髓损伤患者是如何处理性事这

第一部分　天崩地裂

个问题的。我们意识到可以在这方面提供帮助。"

赵正恩解释说,"不完全"瘫痪的人还有一定的感觉和运动能力,而"完全"瘫痪的人则没有。"如果只是不完全损伤,他们仍然可以享受性爱。否则,他们可以做爱,但不会有感觉。"

医院为患者提供了治疗文献和其他信息。

"我们可以提供一些帮助,但由于我们没有专业的性治疗师而受到限制。"赵正恩说,"西方国家雇有专业人士帮助脊髓损伤患者,但是中国没有。"

一些医生说,这项工作的部分挑战来自中国人传统上的害羞和保守。除非治疗师注意到患者情绪波动,否则他们不会与患者主动讨论性行为。

"不过中国人越来越勇敢和开放了。"赵正恩说,"他们有着更微妙的理解,并希望改善亲密关系。"

杨法春(音译)在地震中因家中墙壁倒塌被压而瘫痪,她说绵竹医院的性康复服务对她有所帮助。

这位37岁女士的丈夫没有参加培训,因为他不得不上班。但是她说没关系,因为她回家与丈夫分享了所学。

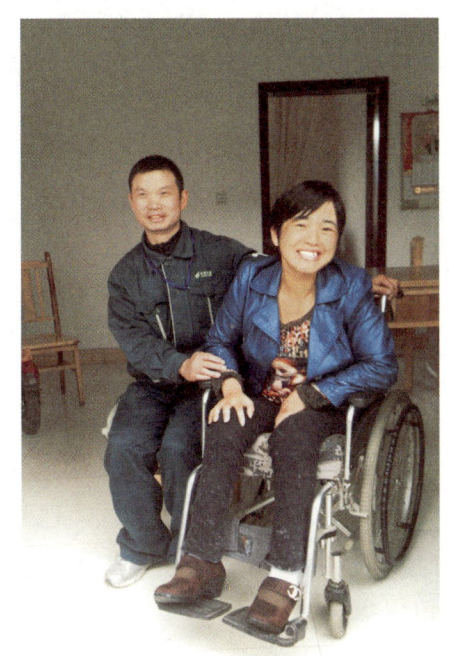

杨法春和丈夫李刚文在地震后保持了亲密的夫妻关系,尽管她在地震中脊髓损伤。

073

"他很好，总是给我买我最爱吃的食物。"她说，"我们的关系与地震前一样——好得很！"

行之有效的康复服务

地震造成的巨大破坏促使绵竹市人民医院康复医学科加快发展。

"地震前我们还没有现代康复的概念。"人民医院副院长陈浩告诉我说，"所以那时我们还不是特别有效。"

地震后，来自全国和海外的数十位专家来到绵竹，帮助了数百位残疾程度各异的病人。绵竹人民医院在志愿者、理疗师和非营利组织的协助下，为地震幸存者们提供了7000多个疗程，这里的康复医学科已经成为全国最好的县级康复中心之一。

灾难发生五年之后，康复医学科已经拥有一支由30位医生、护士和理疗师组成的团队。他们都在全国最好的医院培训过，并且已经帮助下一级医院展开培训。

在地震之前，绵竹市人民医院的康复设备价值约50万元。到了2013年，这个数字已达到250万元，其中不少源于NGO组织的捐赠。康复服务还扩大到生理、职业、早期干预和传统理疗等领域。

"地震既是一场灾难，也是改善残障康复的机遇。"陈浩说，"逐渐的，我们收治的地震幸存者越来越少，更多病人是因为其他原因导致残疾。正是因为这场灾难，我们现在才有能力治疗这些病人。"

人民医院已经开始为中风病人提供康复治疗,而那些因为地震致残的病人还可以免费体检。

"现在,病人的生命体征一旦平稳下来就可以开始康复治疗,并且要一直持续到他们离开医院以后。"陈浩说,"我们去社区走访,培训那里的工作人员如何帮助病患。随着对康复的了解和需求增长,我们也能够提供更多服务。"

2013年,人民医院的幸福指数调查显示,26位因为地震而瘫痪的病人与健康人的幸福程度相同。与过去几年相比,他们已经更加独立,不需要别人帮助的时间更长。

这项幸福指数调查共进行了三次,专家们注意到调查的结果有了一些明显变化。震后不久进行的第一次调查中,大多数受访者十分担心他们的机体功能;几年后举行的第二次调查中,受访者最关心的是生计问题;而在最后这次调查中,性功能恢复和社会参与度则成为受访者最关心的事项。

"他们的总体幸福指数全面上升了。"人民医院康复医学科主任赵正恩说,"很多人都找到了谋生的办法,养殖、开店、办小作坊、做工艺品,还有种菜等等。"

专家们指出,病人对生计的担忧并不限于收入,他们也希望自己有所产出,同时生活得更有意义。

唐斯琼(音译)在地震时被家里的一面墙砸中而瘫痪,她告诉我,一开始她很担心自己的身体。

"我每天都哭,我知道自己再也走不了路了。"这位39岁的女士说,"我特别担心坐这么久会得别的什么病。后来,我更担心的是自己的心理。"

她说,自己已经度过了起初的抑郁阶段。"那时候所有东西都失去了意义,做什么事都很难。门口没修坡道之前我都没

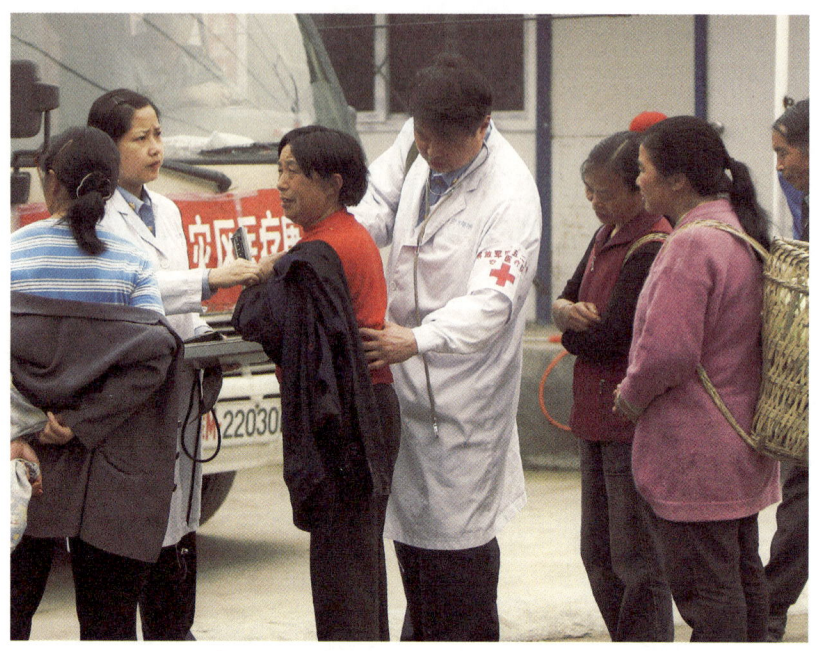

2009年5月6日,成都军区医疗康复服务队回访四川地震重灾区,并开展医疗和心理咨询援助服务。

法出门。"

国际助残组织还帮助唐斯琼改造了厨房,这样她就可以做饭。不过,她还是对一些身体方面的问题无法释怀。"我最大的问题就是无法控制身体,这气味让人难堪。如果有什么药能帮上忙,我的生活就好多了。"她说。

唐斯琼也在为如何谋生担心。她曾经在一家缝纫厂上班,创办并经营工厂的也是在地震中受伤致残的人。厂里的缝纫机都经过改装,不需要脚踩,用手就可以操作。

"不过我坐着干久了就会长褥疮,所以没法全职上班。"她说。

第一部分　天崩地裂

为了改变经营模式,工厂暂时停工。于是唐斯琼每天把大部分时间都花在十字绣上。

"地震前我从来没绣过,这至少让我有事可做。这很好玩,如果我能多卖几幅的话,就更好玩了。"她说着,笑了起来。

让她担心的不光是自己的工作,还有儿子的前途。这个18岁的年轻人秋季就要上大学了。"希望我儿子能找到个好工作,开开心心的。"她说。

"总体上,我挺满意,但愿不会出现新的麻烦。"

杨法纯(音译)的故事与唐斯琼的很像。

"一开始我很难过,但现在我已经能面对自己残疾的现实。"这位37岁的女士告诉我说。

"一个最大的不同就是我现在能独立生活。要是有什么我实在做不了的事或者买不了的东西,家人和邻居们也会帮忙。"

但做到这样花了很久。"比方说,我终于学会怎么让轮椅一下跃过门槛。"杨法纯说。

杨法纯也在做十字绣,同时也做些网上编辑的活。缝纫厂暂停之前她是工厂的负责人。

"工厂让我们找回了完成任务的自信。即使没有盈利,这也是个很好的经历。"

她解释说,工厂给他们提供了与情况相似的人沟通交流的机会。"能跟处境相同的人互动很重要。我结识了很多同样是脊髓受伤的人,我们互相学习。"

新朋友们教会她更有效地做饭和打扫卫生,不用轮椅也能四处活动,还有锻炼身体的方法。

杨法纯和丈夫要抚养一个12岁的女儿,她很为在邮局工作的丈夫担心。

"我很担心会生病或者受伤,那样我就成了家里的负担。地震以后我们更为安全担心了,现在只要一出门我们都会互相打个电话。"

她说自己对生活很满意。"不过,我的目标是找一个工资高的好工作。"她说。

绵竹人民医院继续为地震中致残的人提供各种免费支持。工作人员告诉我,如果遇到问题,以前的病人可以随时给医院打电话,如果有必要,医院还会派理疗师上门服务。

但志愿者蔡盛认为,除了医院之外,整个社会都应当承担起康复责任。他说,从上到下和从下往上的方式都有必要。

"这样一来,中国和全世界就可以一起工作,让广大残疾人都知道,他们可以向大家求助。"他说。

"我们必须共同努力。"

的确如此。

2008年地震后,蔡盛成为一名帮助致残者的志愿者,他的工作本来应该在2012年底结束,但他不愿意离开。

这位来自湖南的志愿者当时是国际助残组织在绵竹的一名项目经理。他与这家县级医院一起发起了震后急需的康复服务,他的工作重点是瘫痪病人。

2012年底,国际助残组织在绵竹的工作告一段落,但蔡盛没有离开,而是创办了自己的非营利组织,绵竹市残疾人社区康复服务站(简称合力社区,英文名You and Me Community)。

这位30岁的年轻人说:"我想留下,这些残疾人需要支持,他们也给我力量。他们不但聪明而且内心强大,时刻愿意互相帮助。我们都是好朋友。"

建立这样的友谊需要很长时间。

第一部分　天崩地裂

"和他们交朋友需要耐心。而一个残疾人可能需要几个月，甚至几年，才能接受自己残疾的事实。我们坚持访问他们，表示关心和尊重，帮助他们走出残疾的阴影。"

而这些受益者也时常跟蔡盛联系，询问他的近况。

"他们都鼓励我，赶快找个好女朋友。"他说着，笑了起来。

除了聆听大家的问题，蔡盛更想方设法去解决问题，这可能是改造家居设施，也可能是为大家四处奔走争取权益。

蔡盛说，他们能够成功的原因是他们不仅是面对面工作，更是"心连心"地一起工作。他的工作中很重要的一部分就是促使这些残疾人相信自己的力量。

"我们相信他们能够自力更生。其中一些人可以带领大家在新的领域发展。"他说，"我们迎接了各式各样的挑战与挫折，每一点微小的进步都启发和鼓励着我们。"

蔡盛谈到，最令他受到震动的一件事，是一位在地震中瘫痪的人发现妻子对他不忠，一气之下要去伤害她，是其他瘫痪者及时制止了他。

"他们劝服了他，他现在很幸福。"他说。

帮助残疾人也让蔡盛克服了自己生活中的挑战。

"我学会了控制自己的情绪。"他说，"以前跟地震致残的人谈话时我总会流泪，现在我已经学会把注意力集中在如何解决他们的问题上，而不是他们的悲惨境地。"

蔡盛说，看到很多人在生活中慢慢找回欢乐对他也很有帮助。

他说，自己犯过很多错误，从中学到了不少东西。

"我刚开始工作时，一些瘫痪的人会问我，他们以后还能不能再站起来，那时我无法告诉他们真相。"蔡盛说，"很快我就学会了帮助他们接受现实，适应现实。"

他很高兴地看到，自己帮助过的一些人已经在调整状态。

"我非常珍惜过去五年里他们取得的进步。我相信我们可以为残疾人做更多的事，推广这种社会包容模式。所以，我会一直跟他们在一起。"

羌族少年们的"干妈"

邱秋（音译）把恐怖变成了幽默。

这位22岁的年轻人不得不扯断自己腿上的残余血肉，才能挣脱地震废墟。

他有时会要求来客闭上眼睛，当他说可以睁开眼睛时，只见他已经膝盖弯曲着坐了下来。

不过他的一只脚可不在地板上。相反，它直直地举在空中，与正常的脚应该在的位置成180度——这是义肢。

我遇见邱秋时，他表演了这个把戏，然后双手合十道："瑜伽。"

他笑了，然后双手着地倒立起来。

自灾难发生以来，这位来自北川县的羌族小伙在他的"干妈"王志航的帮助下走过了漫长的恢复之路。

这位57岁的女士过去五年来一直照顾着140多名在2008年地震中失去双腿的孩子。其中包括邱秋在内的70多人都叫她"干妈"——相当于西方人说的"教母"。

王志航形容他们的关系比血缘更牢固。

第一部分　天崩地裂

王志航帮助了140多个在2008年地震中致残的青少年。其中70多人都叫她"干妈"。2013年，57岁的王志航收下了她的第一个老外"干儿子"，也就是我。

我们初次见面快结束时，大家一起举起红酒杯，庆祝我成为王志航的第一个老外"干儿子"。

灾难过去一个月后，王志航到一家医院当志愿者，帮助那些截肢的孩子，其中年龄最小的只有4岁，最大的也不过十几岁。

王志航的"大家庭"始于她与地震中失去一条腿的张凤相遇。21岁的张凤起初称她为"阿姨"。王志航一再坚持，终于成了她的"干妈"。

"张凤非常勇敢，有一颗坚强的心。"王志航说，"她选择学习心理学，因为地震后有很多人帮助过她，她也想去帮助别人。"

张凤梦想着能开一个自己的诊所。"干妈是我们的榜样。她什么都知道。我们无所不谈，从自由一直到弗洛伊德。"

王志航说，她帮助过的来自北川乡村的140名羌族年轻人都上了大学或者中专。

"他们不像农民,他们就像城里人。你不能叫他们残疾人。他们比'正常'人更'正常'。"

但是,并不是每个人都明白这一点,王志航说。

她回忆说,曾有11名戴着义肢的女孩在假期时住在她家。睡觉前她们得摘下义肢,将它们靠在墙上。

"朋友们问我害不害怕。"王志航说,"我告诉他们,爱会战胜一切恐惧。"

王志航14岁时得了甲状腺癌,此后不时复发。退休前她曾是一名护士。地震后,她与第二任丈夫离婚,因为他不愿意她成为一名全职志愿者。

她卖掉了离婚时分得的价值90万元的公寓,在镇外买了便宜的住宅。她说,自己把多余的钱都花在了孩子们身上。

但她奉献的何止是金钱。

王志航21岁的"干女儿"熊雄(音译)说:"干妈帮我们恢复了自信。"

熊雄是王志航帮助的唯一双腿健全的青年,但是一道疤痕从她的臀部蜿蜒而下直到脚踝。

"她从来不穿裙子。"王志航说,"但我鼓励她穿,我在网上花80块钱买了一条裙子给她。她穿了。她不再觉得难为情了。"

熊雄指着王志航门上贴着的一张纸,上面写着"家是世界上最重要的地方"。

她告诉我:"只要可能我们就到这里来寻求鼓励。这是让我们感到最轻松、最有活力的地方。"

邱秋解释说:"这就像回到家一样。"

这个大家庭有时会在小区的草坪上野餐。

熊雄说："我们走不了太远,但我们在一起欢乐无边。"

王志航不仅鼓舞了她所帮助的孩子,而且也激发了她所在的社区。

她时常打开门会发现邻居们又悄悄送来了一盒盒有机蔬菜。王志航就是用这些蔬菜准备了饭菜,我和她的干儿子干女儿们在她家里分享了这些美味。

熊雄说,王志航真的很了解她和她的"兄弟姐妹们"。她告诉我:"我们来到这里是跟着内心的召唤。干妈总是充满活力,非常勇敢。我们还会分享小秘密呢。"

王志航解释了为什么她把一切都给了自己的"孩子们"。

"我们应该让全世界都知道这些孩子有多么勇敢。突然间就地震了,等他们醒过来,腿已经没有了。可他们还是努力学习,他们都是好人。他们还没有长大,但是已经克服了难以想象的困难。"

迎接 108 个"罗汉娃"的住持

素全法师告诉我,他不希望地震后在罗汉寺出生的108个孩子来看望他。

这位住持说:"只要他们好好学习、帮助别人,就是对我最好的报答了。"

由于余震威胁着罗汉寺附近的什邡市妇幼保健院,这座寺院临时改造成了应急产科。此外这里还为大约1500名难民提供了容身之处。由于这里的建筑低矮、空间开阔,非常适合新的用途。

当时一些严守戒律的僧侣并不赞成此事。素全法师对此也犹豫不决，在寺庙殿堂里见血和食用荤腥是违反戒律的。不过，最终他还是决定提供帮助。

僧侣们捐出床铺和书案作为产妇们分娩的产床，还将斋饭分给妇女们食用。许多母亲都给自己的孩子起名"震生"，意即在地震中出生。

有人说，在寺庙里分娩也是一种精神上的重生。

龙莎莎说，她感谢素全法师不仅帮她把儿子带入尘世，而且刷新了她的世界观。

这位29岁的母亲说："佛祖让我在寺庙里生下孩子，并且与他同行。"

龙莎莎在108儿童基金会工作，这个基金会为罹患紧张性神经症的儿童提供帮助。

地震发生五天后，刘娟（音译）在罗汉寺生下了女儿唐心颖（音译）。她说自己不再像以前那样只想着自我，而是更关心他人了。

"见到我女儿的第一眼，我就哭了。"她回忆说，"这让我对生命有了新的认识。我觉得自己太幸运了。在外面见到那么多尸体，又在庙里看到我的宝宝，这给了我希望。"

刘娟加入了一个慈善组织，为癌症患者捐款，她还到帮助癌症患者的摄影展上当志愿者。另外她还给一个贫困家庭提供旧衣服。

素全法师说，他希望自己的行为能激发无私奉献的善行。

素全法师的弟子、现年64岁的朱立立（音译）说："他教导我们为全世界的和平与繁荣祈祷，而不仅仅是我们个人的福祉。"

第一部分　天崩地裂

2009年5月13日，四川省什邡市罗汉寺住持素全法师怀抱一个"罗汉娃"。当天，108名汶川地震后在罗汉寺出生的"罗汉娃"在什邡市北京小学举行了集体生日会。

素全法师自己也变了。

"出家22年来，我读过很多经书。"他说，"地震比这些文字让我更好地了解这个世界。这场灾难是对包括僧人在内所有人的考验。"

素全法师告诉我，地震一度撼动了他信仰的根基。他说，他不确定自己是否依然相信超脱尘世。

他把这场灾难比喻为莲花——佛教的象征之一。

"莲花从泥土中升起，就像我们的灾后重建一样。"他说。

"过去的事已经过去了。我们必须展望未来。"

他认为，这也适用于行善。

"做过什么善事并不重要，重要的是我们将要做的善事。"

14岁少年童忠成（音译）是一位乒乓球迷，然而他在地震中失去了双腿。在医院里,他想到了自杀,是素全法师帮他打消了这个念头。素全法师鼓励他说,他可以成为一名残奥会运动员——而童忠成做到了。

素全法师说:"他现在很快乐,过得很好。"

素全法师曾将一个篮球卖给了NBA,这是一位地震中遇难的12岁少年收到的礼物。他用义卖筹得的8万元和罗汉寺捐赠的2万元为灾区的一些学校购置了体育用品。

2013年雅安地震后,罗汉寺再次募捐了3万元,并派出僧侣前往灾区支援。

虽然这位43岁的僧人不希望2008年在罗汉寺降生的孩子们来看望他,但他对这些孩子们有一种特殊的亲近感。

"这些孩子给我带来了巨大的欢乐和对未来的希望。"素全法师说。

"我打心眼里感激他们。"

走出地狱的 125 小时

卞刚芬的家人正在悼念她时,消息传来,她从废墟中奇迹般地生还,那时离地震发生已经125个小时。

在等待和祈祷多日后,她的一些亲人已经放弃了希望。

"他们已经买了香烛纸钱,而且给我烧过了。"卞刚芬告诉我,这时已经是灾难发生五年后。

"可我姐姐不干。她坚持说,我一定还活着。她说,成千上万的人还在等待亲人归来。"

第一部分 天崩地裂

救援人员认为72小时是一个分界点,很少有人能坚持到72小时以上。

卞刚芬不仅知道自己还活着,而且还下定决心要活下去,走出废墟。

"我半点都动不了。"她回忆说,"我没有吃的,也没有水。当时有一滩雨水,但我不敢喝,因为我不得不尿到里头。可是我想,我无论如何也要活下去。所以,我就喝了它。"

整整五天五夜,她被困在蓥华镇一栋五层楼的瓦砾下,地震前她正在二楼的一个茶馆里。

"为了孩子,我怎么也得活下去。我还很年轻,不能就这么走了。"卞刚芬说,"我知道救援人员会来救我。我在电视新闻上看到过,他们在暴风雪中都会坚持工作。"

她并没有坐等救援,而是尝试着自救。

"我试着用手指挖个洞。"她说,"手指头都挖肿了,还是没有什么结果。"

卞刚芬和她认识的一个年轻人聊天打发时间,他也被困在瓦砾下面。这个小伙子靠吃一包烟来充饥,他在震后106小时被救出。

"这给了我新的希望。"卞刚芬说,"在废墟里,我跟他讲,我将来给你介绍个女朋友。所以,你一定要活着出去。"

此后两人一直保持着联系,不过那个小伙子还没有找到如意伴侣。出于对救命恩人们的感激之情,他成了一名军人。

"要不是有了对方,我们两个都会死掉。"卞刚芬说。

当亲人们在废墟上担心她的时候,卞刚芬也在废墟下担心他们。

她根本想不到,自己的丈夫在化工厂为了救一个同事被烧伤,眼睛部分失明。一大桶酸液滚落下来的时候,他一把推开了一位女同事。不幸的是，那位女同事没能活下来。

"她的衣服被烧烂了。大家给她穿了一件新衣服，"卞刚芬说，"那也融化了。"

除了胸口，她丈夫的全身都被酸液烧伤，一只眼睛因为烧伤而失明，无法闭上。

"我从废墟里被救10天以后，我们才见面，他两只眼睛都在流泪。"卞刚芬说，"能再次见到他，我太高兴了。我好害怕，但是也好欢喜。我们就这样紧紧抱着对方，眼泪哗哗地淌。"

她说，她已经习惯了丈夫的样子。然而，她还需要时间来适应黑暗。

"我被困在下面的时候，我必须睁着眼睛，虽然到处都是漆黑一片。如果闭上眼睛，我就更害怕了。"

卞刚芬最初告诉我，地震后，她生活中的一个重大变化就是买了一辆车。后来，她才想起来，灾难发生后，她通过跟外地人讲自己的经历，学会了普通话。而丈夫被毁容、部分失明的事实，似乎并不重要。

这对夫妻仍旧在各自原来的公司上班。卞刚芬每月收入1300元，而她的丈夫则能挣2000元左右。

"地震后，化工厂给他安排了一份轻松的工作。"卞刚芬说，"他们想安排他当清洁工。但是他不干，他知道自己能做更多。"

她说，灾难发生后，她的丈夫起初有一种"自卑感"。

但他已经克服了这一点。

"我们的关系还跟原来一样。"她说，"我永远不会抛弃他。我们两个都能在地震中幸存下来，这多么了不起。我们应该更加珍惜爱护对方。"

第一部分　天崩地裂

"映秀好人"的震中餐馆

2008年的地震夺走了杨云清的亲人和生计——但也给了他新的亲人。

这场灾难中,杨云清的9名亲戚和与他伉俪情深40年的妻子丧生。同时,地震也毁掉了他在映秀操作多年以之谋生的两台挖掘机。

杨云清和儿子没有沉浸在悲痛中,而是迅速赶到附近的一家电厂,甚至不惜下跪求人,才借来了挖掘机。随后的几天,他们开着挖掘机,救出了12名被困在废墟中的人。

地震后,杨云清没有重操旧业,而是开了家取名"震中饭店"的餐馆——一开始是为了给救援人员和志愿者提供食物,后来服务于来映秀镇参观地震废墟和遇难者公墓的游客。

地震后的几个月,杨云清的震中餐馆在临时搭建的预制板房里开张了。直到2009年3月,餐馆才终于搬进了一栋真正的建筑。

起初,食客们在天棚下用餐,运河对面就是标志性的漩口中学遗址。

"一开始生意好得很,到了2011年生意就不行了,实际上从2009年就开始衰落了。"杨云清2013年告诉我说,"镇上总共只有4000多人。来的游客越来越少,餐馆越开越多。"

鼎盛时期,这家餐馆每天最多可招徕30桌客人,但后来仅剩约3桌。2011年,杨云清将餐馆搬进永久性建筑时,镇上还只有几家饭馆。到2013年时,他估计镇上的饭馆已经超过了

地震中,杨云清的大部分家人都不幸遇难。他和儿子不惜下跪求人借来了挖掘机,救出了12名被困在废墟中的人。他们一家开了"震中饭店",为救援人员和志愿者提供食物,后来服务于来映秀镇参观地震废墟和遇难者公墓的游客。

100家。

地震一周年时开通了一条高速路,这意味着去汶川不再需要经过映秀。所以,大部分来映秀的游客都是当天来了就走,很少在这里过夜。

"我们只是勉强支付账单,"杨云清说,"只能靠清明节来扫墓的人群维持运转。"

他的100多平方米的餐馆只有一张室内餐桌。杨云清从当地一家旅游公司租了室外的场地。

室内装饰着他救出地震幸存者时的照片。酒柜上方几个玻璃柜子里,上海和山东消防员签名的头盔已落满了灰尘。

"我给餐馆取名'震中',是为了让人们记住映秀的苦难，记住外界的帮助。"杨云清说。

他和消防队员一起救出的人当中，蒋雨航被埋了125小时。

蒋雨航后来成了一名消防员。

"他获救了，所以他也想去救人。"杨云清解释说。

蒋雨航是贵州人，地震时，他和另外两名过路费收费员在宿舍里打盹。他的同伴都未能生还。

"他是我在映秀认识的人中最幸运的一个。"杨云清说。

蒋雨航每年都会来看望杨云清。

上海消防部队一位指挥官为了帮助杨云清走出灾难的创伤，请他去了趟上海，并提出要给他两台新的挖掘机。

"我请他给我一辆消防车。"他说，"那时我们一辆消防车都没有，几场大火烧毁了很多房子。"

杨云清就这样成了消防车司机。不过在我见到他时，他已经退休两年了。

"一有火情，你就得赶快冲过去。"他说，"这是个年轻人的工作。"

这辆消防车仍然在镇上跑着。就在我们谈话的时候，这辆消防车熄着灯，轰隆隆地穿过街道。

地震前，杨云清的收入也不稳定。他开挖掘机从河里挖起沙子卖，另外还经营着一家杂货店，一年能挣大约20万元。

餐馆生意最好时，他一年的收入约有12万元。但2012年给员工发完工资后，他只拿了大约2.5万元回家。

"幸运的是，我可以在自己新家里开餐馆。"他说，"如果要租房的话，赚的那点钱只够我一个人吃饱穿暖。"

他解释说，他的一家全靠餐馆这个营生。"否则我的儿子和女婿就没有工作了。"他说，"他们需要这些收入来养活我的孙子孙女。"

杨云清33岁的儿子杨和建说，他还在适应餐馆的工作。他15岁就辍学了。

"我开挖掘机开了8年才适应这个活。"他告诉我说，"管理餐厅对我来说又是个新鲜事。我得跟各种各样的人打交道，有些人还会投诉。我也不能像以前那样到点就下班。"

一位来自香港的美籍华人在网上看到杨云清的事迹后，专程到映秀来见他，并请他负责发放为期3年每年8万元的幸存者扶贫捐款。这笔钱通过官方渠道划拨，但没有杨云清的签字就无法发放。

"我要是自己也穷到了家，就帮不了别的穷人多大忙。"他说，"发生了这么多事，我只希望家里人吃饱穿暖，然后能去帮助别人。那样就没问题了。"

地震发生后，杨云清每天晚上都要喝得酩酊大醉才能入睡，满脑子想的都是来世与妻子相聚。

他的孩子们都鼓励他再婚。2012年，他真就这样做了，新老伴是55岁的刘明玉。她在电视上看到杨云清的事迹时，很是感动。

"我很佩服我的丈夫。"刘明玉说。

"他为了救人，不顾家人的不幸，跪下求人，没日没夜去救人。他是个英雄。有这样的好心人在身边，我觉得很踏实。"

2019年1月，这位"映秀好人"因病在家中去世。

第一部分　天崩地裂

快乐的农家乐

映秀渔子溪村自给自足的农民们发现，地震虽然毁了他们的田地，却也带来了新的收入机会。

他们无法在被毁的土地上种玉米、养猪，于是，几个村民合伙开了个度假村，也就是中国人说的"农家乐"。他们打算把小村打造成游客眼中去四川阿坝州旅游的"门户"。

渔家大院是43岁的村支书蒋永福的心血结晶，他在2007年从政前，曾在建筑业干了20年。

就在地震发生前，他曾带着村民们到成都郊区的一个农家乐取经。

"我们村民住在山里，对外面的世界很不了解。"蒋永福说，"他们种庄稼、养猪不是为了卖，而是为了自己吃。男人们有时候也出去打打工。"

从成都回来后，蒋永福和村民们集资修建了一条从村里通往外界的公路。这条路完工刚一个月就被地震摧毁了。

"很多村民和参加重建的志愿者都没有地方吃饭。"蒋永福说，"所以，我们就在临时安置点开了一家饭馆。"

震中饭店——它与映秀的民间英雄杨云清所开的饭馆同名——那时一天最多能招待100人。

"我们赚了不少钱。"蒋永福说。

村民们急需这笔钱，因为地震毁了他们用来种口粮的农田。

到了2013年，大多数时候这家饭馆里只有几张桌子能坐

2018年4月,重建数年后的映秀镇。

满,但到了节假日,还是可以招待多达300名食客。

"我想了想,不开个农家乐,我们就维持不下去了。"蒋永福说,"不然的话,村民们只能坐在家里头养娃儿、养猪,或者啥也不做。"

地震后,新建住房的位置由政府组织抽签确定。蒋永福抽到了一套靠山的房子。他说服了三个邻居,他们的房子也加入了农家乐项目。

度假村总共占地2800平方米,其中1100平方米在室内。

有的家庭符合两套房子的条件,就可以拿出一套办农家乐,自己住另一套房子。蒋永福把自己的房子用来办农家乐,到小镇另租了一套房子。他希望能尽快搬进自己另外买的新房。

农家乐的股东及其家人每月收入2000元,其他在渔家大院打工的村民月收入为1500元。

第一部分　天崩地裂

　　农家乐建成以前，蒋永福当村支书的月收入是260元。有了农家乐后，他的收入是1260元。

　　"因为投入太大，农家乐还没有开始挣钱。"蒋永福解释说。创办农家乐花了150万元，资金来自投资人的积蓄和银行贷款。

　　到渔家大院打工之前，刘小英（音译）靠卖地震照片和DVD每月收入约为1000元。而在渔家大院，她的收入达到了1500元。

　　"这个收入是固定的，这才是最让人满意的。"刘小英说。

　　肖琼（音译）之前在映秀当服务员，月收入约700元，而在渔家大院挣的是以前的两倍还多。

　　"这里离家更近。"她说，"我把多挣的钱都花在了生活必需品和孩子身上。"

　　她还说，与灾前相比，村里整体上发展得更好了。

　　"现在生活各方面都好多了。"肖琼说，"我们的房子跟城里的一样。现在，我们的厕所都可以冲水，而且我们用煤气做饭，不用烧柴了。"

　　她已经用上了经过处理的水。以前，水是直接从池塘里引来的。

　　用上电脑是地震后村里的另一个变化。

　　"我们以前不晓得怎么用电脑。"蒋永福说。

　　"地震后，我们没有任何文具。当时有个重庆人来给村民买吃的。但我说：'吃的虽好，吃完了就没得了，纸和笔才能一直用下去。'他想了又想，最后给我们买了一台电脑和打印机。"

　　在重建过程中，电脑被用来记录全村800位居民的统计资料。"我们不必再用手写了。"蒋永福说。

有了电脑，还可以在网上跟天津大学的专家讨论新的安置点重建方案。

而且电脑对于申请农家乐的经营许可也至关重要。

"要不然，我们就得赶58公里的路，到县城的工商局去办手续。"蒋永福说，"有了电脑，我们不用走出农家乐就可以在网上办理了。"

蒋永福说，村里大概有8台电脑了。

"自从灾难发生后，我们村不仅走到了今天，还在走向未来。"他说。

"越来越漂亮"

一位红白镇的前负责人告诉我说，领导一个废墟中的镇子重建绝非易事。

地震前黄卓曾是四川省什邡市财政局局长。在2011年担任红白镇党委书记之前，他一直负责灾后重建资金的拨付工作。

在我采访他之前一个月，这位40岁的中年人已经离任到什邡市国土资源局工作。

"每个人都有房子住，而且工业也恢复了。"他说，"看到我们镇子一天比一天好，我很高兴。"

由于2008年后的重建，红白镇的建筑现在可以抵御8级地震，黄卓说。

在2013年雅安7级地震中，除了山体滑坡外，红白镇没有遇到任何问题，也没有人员伤亡。

第一部分　天崩地裂

2010年红白镇的一所学校正在重建。

"我们希望把灾后重建的经验分享给雅安市,包括处理好物资和设备的发放,以及孩子们的心理恢复等问题。"黄卓说。

红白镇新任党委书记李德利谈到2013年的地震时说:"我们有一套高效的应急反应机制。所以,我们可以快速反应。不过,我还是很紧张。我们的通信被切断了。我们派人下到村里去了。"

黄卓说,这个镇重建为现代化的抗震安置点,堪称里程碑式的成就。这是一个约有3万人口的小镇。

2008年的地震在15秒左右的时间里就把这里夷为平地,只剩下两栋房子没有倒。这场灾难夺去了当地1000多人的生命,毁掉了大部分主导产业,包括采矿、种植业和旅游业。

"我当时面临着巨大的压力。"黄卓回忆说,"上级部门寄予厚望,而且全世界都在看着。我必须把这种压力转化为动力。"

黄卓也面临着来自基层的诉求。比如,五桂坪村的村民不断向他央求，希望修一条好一些的路。当时的机动车道很窄，一到下雨天就经常因为山体滑坡而堵塞。

"孩子们上学难，当地人出行也难。"黄卓说。

他说，官方筹集了100万元资金，这条路在一年前终于修通了。

"100万元对于一个农村乡镇来说，不是一笔小数目。"黄卓指出，"但我们要用有限的资金来改善村民的生活。"

黄卓的重建重任不仅仅是物质上的，还包括心理上的。

他回忆起一位居民，她14岁的儿子在灾难中丧生后，她的心情变得非常抑郁。

"她失去了希望，也失去了未来的支撑。"黄卓说，"她经常到政府来寻求帮助。"

黄卓每周都要去她家做两次家访。"我们意识到，得帮助她找到人生的目标。"他说。

当这位妇女提出想养鱼时，政府就派出专家培训她。当她开办农家乐时，政府免费为她提供了水泥和木材。而她生病时，政府还帮她联系了银行贷款和医疗服务。

"她的生活好起来了。"黄卓说。

黄卓办公室的书架上，放着这位妇女送给他的一盒伯爵茶和她亲手绣的鞋底。

黄卓认为，这场地震给官员们上了重要的一课。

"官员也是人啊。汶川大地震中，几乎每个官员都失去了亲朋好友。"许多官员不幸遇难，这也打击了救灾能力。

他说，许多官员遭受着良心的折磨。

"我们冲出去救陌生人，却没有照顾好自己的家人。我们中的很多人都感到特别内疚。"

地震中，黄卓的姨妈腿被压断，是战士营救她脱了险，而不是她的家人。

黄卓赶到废墟去营救被困群众，看到专业救援人员已经到达现场后，便回去处理救灾资金的问题。

此前，黄卓曾在部队里打过乒乓球，写过诗，画过画，还创作过书法。他的毛笔还放在书桌上，旁边有一幅他老师的书法作品，写着"红白"。

他说，虽然自己没有时间拿起毛笔，但他总是抽出时间鼓励别人练习书法。

"我们需要文化来重建旅游产业。"他说，"这需要有远见卓识。"

红白镇的重建和发展并不仅仅是政府官员们的事，黄卓解释说。

"重建需要政府和普通市民的共同努力。红白的老百姓已经尽了自己的一份力。我们的小镇越来越漂亮了。老百姓充满了希望。"

2013年，我的老朋友、红白镇小学校长程世林告诉我，地震后，现代化的建筑和古老的中华武术为学校的灾后重建带来了生气。

地震摧毁了校舍，造成159名学生和8名教师死亡。

程世林说，被毁的教室经过重建已经提升到了大多数农村学校无法企及的水平，而孩子们通过太极来寻求慰藉。

"地震后，学生和老师们都很苦恼。"这位43岁、已在这所学校工作了24年的老师说，"我们需要恢复精神上的平衡。试过其他运动后，我们发现只有太极有效。它能让人慢下来，让人更平静、更安宁。"

一位来自德阳的老师特地赶来指导师生们。

"地震后，太极已经成为学校课程和当地文化的一部分。"他说。

"我们一开始引进它是为了帮助学生们克服创伤，然后发现它对孩子们的身心大有益处，所以我们把它作为必修课继续开设。这既锻炼了身体，也是一种文化景观。孩子们都在教老奶奶打拳了。"

专家们之前一年对孩子们进行了检测，发现孩子们的创伤程度已经"可以忽略不计"，程世林说。

"地震的阴影终于消失了。"它被多年来的治疗、志愿者项目和政府资助的重建工作冲刷得干干净净。

我的思绪又回到2008年我作为志愿者第一次去这所学校时看到的情景。

来自当地医院和非营利组织的专家们为孩子们提供咨询，并对老师们进行了培训。四川大学的学生志愿者和小学生们就一些探讨生命意义的文章进行了交流。像我们这样的其他团体也纷纷加入了进来。

"孩子们知道社会各界人士都关爱他们。"程校长说。这位校长从孩子们的康复中也得到了安慰。

一个非政府组织将地震致残的学生送到了都江堰的一所特殊学校，那里距成都48公里。

不过，虽然学生们都已经恢复了，一些老师仍在抑郁症中挣扎。

"他们没有那么阴郁了，但还是免不了悲伤。也许大人的记忆比较长久。"程校长说。

地震发生后我所认识的一年级学生这时已经是六年级的学生了，高年级的学生则已升入初中甚至高中。

"我们的孩子们没有一个是带着创伤毕业的。"程世林说，"所以，我很知足。我可以长出一口气了。"

第一部分　天崩地裂

地震后，红白镇的学生们逐渐走出悲痛，走向未来。

2013年的清明节，红白小学第一次没有组织去遇难师生的墓地扫墓。尽管如此，很多师生员工还是自己去了。

"是时候向前看了。"程校长告诉我，"在第一个清明节，我们去扫墓的时候，大家都哭得很伤心。我们在每个遇难学生的墓碑前种了一棵树，摆了花圈。以后的每一年，仪式感都越来越少。从老学校到帐篷，到临时校舍，再到新学校，这是一个漫长的过程。"

在很多方面，这所新学校要比我在西方国家看到的学校还要现代化。

而且它经受住了雅安7级地震的考验。

多媒体实验室意味着老师们不再需要拎着录音机上英语课了。"我们有了现代化的设备。"程校长说，"我们不再用粉笔了。"

而且，这些改进并不止于物质上。程世林指出，在红白镇这样的山区，学校能开设英语课的情况并不多见。这一点，我

101

在走遍中国各地农村时就知道了。

"我们正在努力成为同类学校的典范。"程校长说,"我们已经取得了很大的进步,但仍有很长的路要走。"

这位校长说,过去五年来帮助孩子们的日子,让他的人生观发生了变化。

"我变得更乐观了。"他说,"我很少发脾气,我更成熟了。我已经找到了平静。地震让我学会了珍惜生命,积极向上。"

汶川13个乡镇的涅槃重生

丁亦淑(音译)说,她在汶川地震震中的家乡经过重建后,一点不比那些她在电视上看到的欧洲小镇差。

在地震摧毁四川汶川之前,这一切还不是这样的。

那时,丁亦淑和老伴马德昌(音译)一起过着普普通通的退休生活。

"小镇的整体改善让我们老年人的生活更方便了。"丁亦淑说。

这位78岁的退休教师和老伴住在一片新住宅区的两居室里。每周五,他们都和其他穆斯林一起在新落成的清真寺参加礼拜活动。

从汶川去成都原来需要在崎岖的山路上开半天车,但从2013年起,走新高速只需要1小时就到了。此外,一条沿着风景优美的小河修的公路,以及学校、医院和居民区等都已

第一部分　　天崩地裂

2013年，北川老县城的废墟作为纪念地得到保留。这一年，灾区重建工作基本完成。

震中北川县城废墟上摆放的鲜花，纪念那些在2008年大地震中不幸遇难的人们。

103

新水磨镇在距离老镇几公里的更安全的位置兴建。这些现代化建筑带有传统的羌族风格。

建成。

　　汶川县的13个乡镇在地震中都遭到破坏，后来中国经济最发达的广东省的13个城市被安排与汶川的13个乡镇结对，帮扶震后重建。

　　广东省为汶川县的702个重建项目共拨款112亿元，数千名来自广东的建设者参与了为汶川县10万居民重建家园的工作。

　　"重建工作的成果将帮助当地人更加富裕。"汶川县人大的官员李戴君（音译）说。他介绍说，靠近震中的映秀、水磨、三江等镇已经成为旅游景点，由于重建工作，这些乡镇获得了最高级别的4A评级。

　　从映秀镇出发，开车走20分钟的山路就是水磨镇。地震时这里有92人遇难，所有基础设施毁坏无余。

第一部分　天崩地裂

　　重建水磨时，北大和广东佛山市决定将这里建成环保生态的旅游景点。这意味着必须确保低碳排放。2011年，在纽约举行的全球人居环境论坛上，这项工程被评为"世界最佳灾后重建工程"。

　　小镇的现代化建筑全部使用传统的羌族风格。蜿蜒的石板路两边，小店里卖着各式各样的羌族手工艺品。镇中心一家36平方米的小店里，袁顺颜（音译）主要经营刺绣和土特产。

　　"生意还好吧，这个镇越来越有名了。"这位40岁的店主说，他两年前从附近的小村搬到这里。

　　震后重建和恢复带来的益处不仅限于城镇。

　　张发贵是三江镇柴山村的村支书。这里是受到保护的大熊猫栖息地。地震中几乎所有的房舍都被夷为平地。

　　依靠政府补贴和无息贷款，96户家庭已经在废墟上重建家园。政府要求居民不再开耕土地，而要种树，保护环境。

　　"重建后，我们的当务之急是找到增加收入的办法。"一位姓张的当地人说。

灾后重建给北川人带来了新的生计。

他们村里已经有40多户人家开始养殖牛蛙，而且计划扩大种植中草药。

"这就会带来更多的收入，减少我们对自然资源的依赖。"他说，"而且这也能保护大熊猫。"

事关生存的黑白问题

汶川地震虽然造成大批城市居民遇难，却有助于大熊猫回归野外生存。2013年，专家这样告诉我。

这场灾难摧毁了四川卧龙国家级自然保护区，那里有世界上最大的大熊猫种群。在离原基地约20公里的地方，将建立一个更好的基地。有关部门表示，这里将成为世界上最好的大熊猫栖息地。

卧龙国家级自然保护区管理局副局长李德生告诉我："我们正在更好地重建，从建立第一个基地时犯的错误中吸取教训，让更多的熊猫能够放归野外。"

"这里的设施更为先进。就植被和海拔而言，这是一个完美的生态系统。这里没有工业，也就没有污染，而且还为熊猫野化放归训练提供了更大空间。"

新的保护基地将在7级地震中安然无恙，甚至能抵抗8级强震——这是汶川地震的强度，而汶川地震的震中与卧龙保护区接壤。旧址建造的标准是可以抵抗6级地震。

听到这些，我想起了2008年5月我没能去成保护区的往事。

"你无法预测自然灾害，它可能1000年只会发生一次。但是我们已经准备好了。"李德生告诉我。两周后，附近的雅安发生了7级地震，那里已经安置了80多头大熊猫。所幸这两处地方都没有大熊猫受伤。

在新基地，游客和工作人员各自使用独立通道，另有一条管理极为严格的道路通往野化培训基地。

重建的保护区还可以确保更多的雄性都能繁殖后代，而不是只有一两头性欲高的雄性得到繁殖机会，从而更有效地保护生物多样性。

新保护区定于2013年秋季竣工。它将容纳约70头大熊猫，其中50头将生活在创造性的场地中。大熊猫幼崽则在"熊猫幼儿园"里长大。

重建基地的最大障碍仍然是交通。沿山开凿的土路时常被山体滑坡阻塞，或被洪水冲毁，有时无法通行达数月之久。

我特别感谢进出途中车上的安全带，这倒不是我担心发生车祸，而是因为它能让我一直坐在座位上。这一路上我们都像在重金属摇滚音乐会上那样"摇头晃脑"。

最近发生的地震摧毁了通往雅安的道路。李德生说："运进建筑材料和日常用品一直都很困难。"

新的高速公路将有大段的桥梁和隧道，预计将于2015年左右开放通车。"重建先前的路线太危险了。"李德生解释说。

以后将居住在新建设施中的大熊猫暂时安置在不同地区，13只留在卧龙的老基地，都江堰约有40只。李德生说："大多数熊猫都将搬迁到新的卧龙基地。"

他解释说，在2500名当地人中，大约有500人已搬迁到异地，给大熊猫腾出空间，腾出的区域正在植树造林。

"他们很高兴搬家，因为他们意识到熊猫很重要。"李德生说,"大家都知道,一旦公园重新开放,旅游业将蓬勃发展,带来创收的机会。"

此外,离开山区也让居民感到更安全。卧龙国家级自然保护区管理局局长张和民说,这些建筑物"摇摇晃晃"并且"开裂",但并未在雅安地震中倒塌。

2008年的灾难中有一只大熊猫丧生,还有一只失踪。

"这些动物在心理上已经康复了。"李德生说,"有些熊猫用了1个月的时间,还有些需要6个月才完全恢复。"

卧龙的专家们正在研究地震对圈养大熊猫和野生大熊猫的影响有何不同。"这是一次难得的研究机会。"林业工程师周世强说,"结果还没有出来,不过我们猜想会有很大的不同。"

卧龙保护区野化培训基地主任吴代福解释说:"大熊猫跟地震等自然灾害打交道已经有800万年的历史了。野生动物们似乎都已经适应了,但问题是怎么适应的,因为圈养的熊猫受到了严重影响。"

他回忆说,地震时基地的大熊猫都吓坏了,有些爬上了树,直到工作人员上来驱赶它们才下来。

2008年的地震给人们提供了研究的机会,并最终有可能拯救大熊猫,不过这扰乱了当年将世界第二只接受野化训练的圈养大熊猫放归野外的计划。然而,卧龙保护区的研究人员此后已经取得进展。

他们正在训练5只幼崽回归大自然,计划于2013年放归2只,第二年再放归3只。

李德生说,他们发现自大熊猫降生起就得限制它与人类的互动,要将它与人类的接触减到最少。这可以说是大熊猫研究方面的突破性进展。只要进入大熊猫的视野,工作人员就得

第一部分　天崩地裂

穿上熊猫服。我看着一位工作人员这样喂着幼崽，心想，这看起来真像那些吉祥物。

2006年，卧龙保护区将世界上首只接受野化训练的圈养大熊猫放归自然。但这只叫"祥祥"的大熊猫没能捱过冬季严寒。它被放归野外时2岁半，大约在野外生活了10个月。

与人类接触较少的第二只放归大熊猫已经经受住了寒冷的挑战。

"冬天的食物更少，竞争也更激烈。"李德生说，"我们无法确定第二次放归是否会成功。不过，到目前为止，一切都很好。"

2012年10月30日，首批18只大熊猫返回卧龙的重建基地，标志着卧龙自然保护区的灾后重建工作已基本完成。图为工作人员和大熊猫幼仔在"熊猫幼儿园"内。

吴代福从21岁起就开始从事保护大熊猫的工作。他说地震改变了他与这些动物的关系，无论是从个人角度还是从职业角度来说。

这位36岁的工作人员此前一直当饲养员——喂养大熊猫和清理笼舍——直到卧龙国家级自然保护区灾后重建，他成了对圈养大熊猫进行野化放归的部门负责人。

"我们发现了很多东西。"吴代福说，"我们曾经以

109

为，如果没有人工干预，大熊猫就会生病，但实际上它们变得更强壮。人工干预其实弊大于利。这就是野生大熊猫的生命力更有韧性的原因。"

人工干预的害处之一就是给幼崽过早断奶。"它们需要熊猫妈妈提供更多的营养。"他说，"我们已经认识到，应该到它们两岁半才断奶，而不是像过去那样六个月就断奶。这会大有不同，尤其是它们被放归野外时。"

吴代福的部门主要研究圈养和野生大熊猫之间的差异，他们已在大熊猫与人类互动方面有了新的发现。吴代福能够成为主任，主要是因为他对这一物种的研究有很多实践经验。他仍然领导着大熊猫的喂养和清洁工作，不过大部分时间都在研究它们的行为。

保护区已有一个177台摄像机组成的网络，它们散布在2400平方公里的"半野生"森林中。这套系统是在地震后安装的。

吴代福的团队主要关注在半野生区域抚养幼崽的两只大熊猫妈妈，它们是放归野外的主要候选者。

吴代福和同事们将大部分时间投入工作中。他们住在基地的一个小房间里，大多数人的家都在都江堰。他们每个月只能见一次家人，因为夏季的大部分时间道路都被洪水淹没。

但是吴代福告诉我，他不后悔自己作出的牺牲。

"熊猫对我意义重大。"他说，"我的工作很有意义而且充满挑战。世界各地的人们都喜欢大熊猫，我也一样。如果我能为它们的保护作出贡献，我就做了件很有意义的事情。"

第一部分　天崩地裂

来自地下的预警

猪在嚎叫。

2008年5月12日，在德阳农村，数以百计的猪就像被恶魔军团附体一样，好几个小时不停地哀嚎着躁动着，试图撞开围栏，冲出猪圈。实际上，这些猪是被恐惧附体了。

然后，恶魔真的来了——地震。科学家们说，不稳定的地质断层会导致猪、鸡和鱼等动物惊慌失措。科学家们仍然不确定导致这种现象的原因。不过2013年时，中国和日本在这方面的研究处于领先地位。

"动物们能提前感知地震，它们被吓坏了。"德阳市地震局防灾减灾部主任刘万全说，"猪想逃出猪圈，鸡想飞出鸡棚，鱼儿跳出水面。"

刘万全说，地震前地壳的变化会导致即将发生地震的震中一带磁场波动，动物们提前几天就能感知。地震前，二氧化碳会穿过水体嘶嘶冒出水面，鱼类受到影响不断跃起，直到水面像开了锅一样。

科学家们认为，这是一种进化而来的适应性，促使动物在察觉到地震将至时，试图逃离地震区域。

2008年地震灾害发生后，德阳市政府建立了80个监测中心，其中包括杨洪国在马鞍村的养猪场，用动物来监测即将发生的地震。

杨洪国花了6万元安装了摄像头，用来监测他的2600头猪。"我很高兴能为防震救灾出一分力。"杨洪国说。59岁的

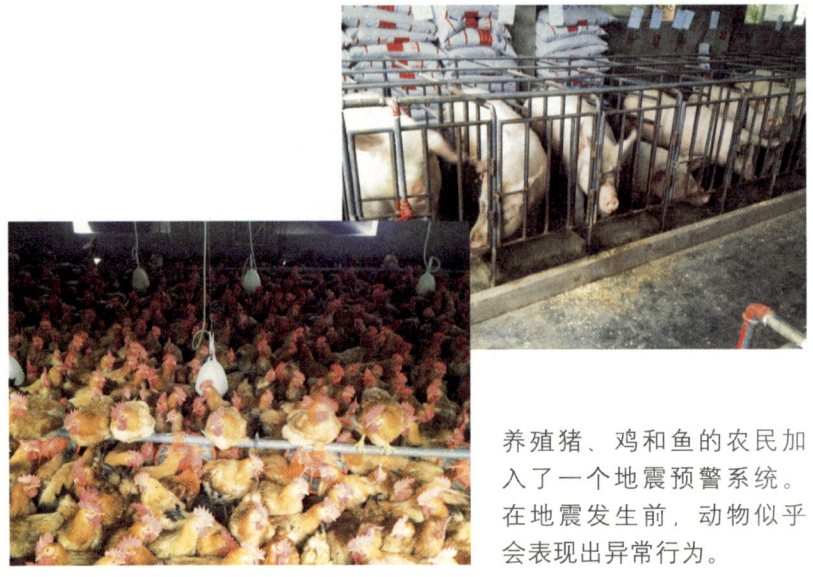

养殖猪、鸡和鱼的农民加入了一个地震预警系统。在地震发生前,动物似乎会表现出异常行为。

杨洪国从22岁起就开始养猪。他还有几公顷的鱼塘。

2012年扣除成本后,这位农民赚了200多万元,大约是地震前收入的两倍。

作为防震动物监测员,杨洪国每月能拿到80元的工资。刘万全说,那些准确预测到地震的农民还能再拿20元的奖金。

"如果我们收到很多报告,而且多个物种都出现异常行为,我们就知道应该仔细检查一下监测设备了。"刘万全说,"我们很可能就会发出警报。"

自2009年5月德阳建立地震预报动物站点以来,预报系统已经进行了升级完善。

"地震局对农民进行了地震预报基础知识的培训。"刘万全说,"而他们又接着培训了其他不一定属于地震预报网络的农民。这样一来,我们接到的误报就减少了。农民最初发来了很多误报,引发了恐慌。那时候我们的工作人员整天忙着赶到各个农场,大家都累坏了。"

最初几年中,大约30%的报告错误地预报地震即将发生。刘万全说,培训将误报率降低到了10%,这减轻了地震局的工作量。

杨洪国说,他已经不再提交不准确的报告了。"以前我不知道要盯着什么,但现在我知道了。"他说。

与此同时,由于2008年地震的余震势头越来越缓,近两年来地震的数量也显著下降。通常情况下,较弱的地震不会明显地惊扰动物,刘万全解释说。

在雅安地震之前,大约记录下400次4级以上的地震,而1级左右的地震约有18万次。这一期间,地壳震动更是大约有50万次左右,刘万全说。

我记得那时候在震区的楼房里,经常有人一喊"地震啦",我们就拔脚冲了出去。你甚至能尝到那种恐惧感。

雅安地震并没有让绵竹的动物们感到不安,因为绵竹距离雅安震中160公里,这是绵竹与汶川距离的两倍。

杨忠明(音译)说,在2011年11月1日青川县发生5.4级地震之前,他没有发现自己的1.5万只鸡的行为有什么异常。刘万全说,小鸡不会对地震作出反应,而且杨忠明占地3000平方米的养鸡场可能离龙门断裂带太远。

但这位41岁的养殖户回忆说,2008年汶川地震前,他家的鸡都疯掉了。

"不过,当时我还不知道动物的行为可以预测地震。"杨忠明说,"现在,我知道了。双东镇上所有的养殖户都可以向我报告动物们的奇怪行为。"

全镇有600多万只鸡。杨忠明做生意一个月的收入有几万元,但他说这个收入起伏不定。他说,他从来没有提交过地震报告。

这些兼任监测员的农民同时也观察地下水、植物和电磁灯的变化。按照要求他们得有同行签名,以核实所提交的报告。地震发生后,他们还会调查震后的损失情况。

杨忠明说,能加入地震预报系统,他很高兴。

"我要为人民服务。"他说,"我会用我的眼睛和耳朵,作出最好的判断。"

就地加固

汶川大地震在映秀镇留下了另一种遗产,不过这没有体现在石头上,而是体现在混凝土上。

2008年的汶川大地震几乎摧毁了全镇所有的建筑,让人们看到了灾害对建筑的湮灭能力,同时也显示了建筑的抗灾能力。

映秀镇一经重建,就成为四川省的全国抗震建筑示范点。

汶川大地震前,映秀镇的建筑是按照抵抗7级地震的标准修建的。但摧毁这座震中附近小镇的却是8级地震。

汶川县住房和城乡建设局工程师王继伦在2013年告诉我说,映秀镇重建的标准是承受9级地震。

"如果不是因为汶川地震,这些新技术就不会来到中国。"王继伦说。

他说,当时主要引进了三项新技术。

第一部分　天崩地裂

这是汶川地震后我在映秀最初几次采访时的景象。自那以来，映秀镇按照可以抵抗更高震级的标准进行重建。2013年，我到映秀报道震后重建的建筑标准几周后，这个小镇在紧接着的雅安地震中安然无恙。

首先，用橡胶填充的柱子来稳定大型建筑，比如当地的医院。这些柱子在地震时可以垂直弯曲。在英国的桥梁建造中就使用了这项技术。

第二，在主要呈水平面的公共建筑中安装了大量的液压减震器，比如镇上的服务中心。这种技术在德国广泛使用。

第三，在砖砌的建筑中——特别是住宅中——将钢筋做成笼状结构，然后浇注混凝土裹住钢筋。"以前，我们用的是单根钢筋，而不是钢筋网格。"王继伦说，"所以，砖房很容易被地震摧毁。"

建筑物也改用大型钢柱支撑，而不再用木头支撑的方式建造。"这样就不会倒塌，可能会挽救很多人的生命。"王继伦说。

这些施工技术就展示在映秀镇中心大街的路边。

"有了这些技术，我们就可以在原址上重建映秀，而不用

重建开始前,幸存者在映秀废墟前点燃香烛、摆放鲜花以纪念逝去的亲人。

搬到地质灾害较少的地方。"王继伦说。

他说,雅安地震中龙门山断裂带被崩开,镇上有一部分正好位于这条断裂带上。汶川地震后这个地方改造成了一个露天公园,而不是重建。这里原先的小学已被夷为平地,只剩下一根旗杆还立在那里。

"如果汶川地震发生在今天,不但不会出现所有建筑都倒塌的情况,这里甚至不会有一所建筑倒塌。"2013年雅安地震前几周王继伦告诉我说。

在雅安地震中,映秀镇所有的建筑都安然无恙。

第一部分　天崩地裂

四川依旧坚强

房子倒了。我站不起来，也动不了，更无法呼吸。

然后，我的手机响了。我被吵醒。是我的老板。

他告诉我，四川又地震了，在一个叫雅安的地方。我相信这一定是在梦中。然后我发现这不是梦。

我急忙赶到办公室。

那是一个星期六。我已经叫朋友们到北京的一家酒吧，看我骑一头机械公牛，为一些罪犯的孩子们筹钱。

但这一天会更加疯狂，我在匆匆穿上衣服的时候就意识到了。

地震发生时，我正好梦到了地震，这对我来说一点都不奇怪，更不是什么未卜先知。自2008年以来，我经常做这样的梦，虽然频率越来越低。

这只是巧合，尽管是个奇怪的巧合。

我给手机电话簿上每个幸存者都打了电话。同事们帮着翻译。那时我的中文已经够用，但有些人有口音，而我必须百分之百确定所有的信息都是准确的。

每当有人不接电话的时候……我不想说我害怕会出现最糟糕的情况。但我很担心，事态还在发展中，我们仍然不知道情况有多严重。我至少希望能是最好的结果。

2008年地震发生时，我正在下午2:30的经济部会议上，有人说："哇！这事有够大！"当时，我们都不知道会有多大。

117

而在2013年4月20日，我们又一次陷入未知中。

在这期间，有几个我认识的人的电话终于打通了。

而电话里传来的信息是，2008年汶川地震的幸存者希望分享给雅安地震幸存者这样的经验——救援会不断赶来，但恢复最终还是要靠自己。

在2008年汶川大地震中瘫痪的绵竹市民杨法春说，这五年来，她所了解到的、希望与雅安人分享的是："知道自己再也不能走路后，我哭个不停。后来，我告诉自己，一定要勇敢，一定要坚强。你只需要勇敢面对就好。"

她指出，五年前，政府部门和医护人员是几十年来第一次应对如此大的灾难。她相信，雅安的恢复情况会比汶川好得多。

"如果我能过上幸福的生活，你们为什么不能？一定要坚强。"

但她明白，这需要时间。她说，她愿意和雅安的任何人交流。

杨法春的朋友唐思琼在汶川地震后也坐上了轮椅。她是这样说的："我必须下定决心，不能让这件事毁了我的余生。我还有30年左右的时间，我一定要好好珍惜。"39岁的她随时都会微笑甚至开怀大笑——这是她五年前无法想象的。

她说，雅安的幸存者不仅要自己坚强，也要为了家人而坚强。她说，她的丈夫和18岁的儿子一直在支持她。

"我不能把他们埋葬在我的悲伤中。我要给他们带来快乐，让他们能够快乐地生活。"

不过，唐思琼明白，恐惧感往往挥之不去。

"今天早上我可吓坏了。我正在刷牙,就听到房顶上传来声音,跟五年前墙倒下来砸到我的时候一个样。但我跑不了,因为我在轮椅上。"

意识到自己的房子不会再次坍塌后,唐思琼依然焦虑不已。"我不敢看电视,也不能看报道。"她说。但她还是希望告诉幸存者,不管当时的心情如何,他们最终也能像她一样快乐。

"雅安人一定要有韧性。很多人都在关心你们,不要被地震打垮了。有人说,像我这样的伤员,只要坚强,就能享受生活。这是真的。"

那个周六,当唐思琼不敢看新闻的时候,绵竹市人民医院的医生赵正恩却舍不得把目光从新闻上移开——当然,他得首先确定患者们都没事。

他所在的医院将收治很多雅安的伤员,用五年前的经验教训,救治新的伤员。他建议受伤者就近前往当地的医院,而不是去远在大城市的大医院。

"这样他们离家比较近,这对医院的管理也有帮助,以后他们回家康复也会更容易,因为康复治疗将是漫长的。汶川地震后,四川各地医院的康复治疗能力都有了很大发展。任何一场地震中,受伤人数都远远高于死亡人数。"

他指出,除非幸存者自己也承担起责任,否则再多的外界帮助也无法带来康复。

"你不能老是求助于别人。"赵正恩说,"你必须用自己的力量去克服自己的问题。面对现实,不要害怕,不要坐等援助。"

此外,赵正恩还建议普通人把救援工作留给专业人员去做。他指出，2008年大量涌入的志愿者，使本来就紧张的交通系统更加拥堵不堪，希望同样的情况不会发生在雅安。"他们的初衷当然是好的，但实际上可能会造成更大的伤害。"他说。

不过，虽然外地人应该留在原地，但杨云清——这位2008年在映秀借来发电厂的挖掘机去救人的餐馆老板——还是建议雅安人尽其所能救人。

他说，暂时离开——和他一起救人的消防员邀请他去了上海、山东等地——帮助他克服了悲痛。

"你必须摆脱阴影。"他说，"最终，我自己想通了。死了的人已经死了。活着的人必须活着。"

红白镇小学校长程世林认为，2008年他学到的经验可以用在雅安。

他让老师们清点学生，联系家长来接孩子。"由于电话被切断，我们只能靠口口相传。"他回忆说。

程世林指派高年级的学生照顾低年级的孩子。每个受伤的孩子都分配到两个同伴"助理"，确保他们有水喝。如果有受伤的学生情况恶化，其中一个"助理"会通知老师。他们一直待在操场上，这片空旷的地方经受住了余震。

程世林给雅安的信息是："有信心、有希望至关重要。有了希望，我们就能重建。"

山峦可以是邪恶的。是的，它们通常都很美，但它们在地震时也会如此狂暴，其程度绝不亚于平时风景的优美。

人也可以是善良的。是的，他们有时也会像群山一样散发出恶毒的气息，但他们通常乐于助人，而不是心存恶意。

与地质运动的凶猛形成鲜明对比的是人类的柔情。在四

第一部分　天崩地裂

川震区，最恶劣的自然界与最美好的人类相互碰撞。

多年来与我有过深入交谈的数百位幸存者中，大多数都有着同样的启示——他们珍惜来自他人的爱和帮助，意识到自己必须爱和帮助他人。

这也是四川的救援和重建工作在全球都被认为名列前茅的原因之一。

邻里守望相助。战士营救群众。来自全国各地和世界各地的人们慷慨解囊。国内外的志愿者们为救援和重建贡献了时间、精力和专长。

幸存者和外来者都明白，我们同在一条船上。在这片被称为地球的岩石上，我们当中任何一个人随时都可能沦为这个行星的牺牲品，包括它时不时的"癫痫发作"。

2013年5月12日，成都军区空军救援部队的官兵在四川芦山为震区民众搭建过渡性简易房。盛夏来临前，震区民众将告别酷热和潮湿的帐篷，住进牢固、安全和相对舒适的过渡性简易房。

121

我接触过的许多幸存者被战士和消防员救起后自己也成了急救人员。许多人说，他们以前只关心自己的钱，现在却乐于投资帮助他人。

他们所帮助的一些弱势人群也是地震的受害者——残疾人或失去亲人的人。还有一些人则是大自然不同表现形式的恶意的牺牲品，比如癌症等。

地震是"神的行为"，但其后果却与人类的行为直接相关。这一点，不仅可以从汶川地震后的救援、恢复和重建中看到，也可以从雅安地震之前的建设中看到。

我不相信有什么超自然的东西。但我知道，地狱真实存在。汶川地震的128秒内，地壳裂开，中国西南部打开了一个通往地狱的门户。

地狱是难以忍受的痛苦，即使是在个人的思想层面。

而在这里，就在2分钟内，它占领了一片广大的区域，征服了众多的人口。它来自地下，变成了我们这个星球上一个真实的地方——在这个巨大的地方，生活着众多的人。

震后5年来，这片地区加速发展，意味着后来的雅安地震中倒塌的建筑数量要少了许多，而遇难人数还不到汶川地震的零头。

四川人民、中国人民和世界人民由此来到了离地狱更远的地方，而最终，我们走得离天堂更近了。

这些教训对世界尤其是对中国来说，都很重要。中国的地表到处都是构造板块的撞击带，大约有2/3的地貌都是地质扭曲挤压而成的崇山峻岭。

中国最穷的地方90%以上与地质最不稳的区域相重叠。

这主要是由于土壤贫瘠，电力、上下水管道和交通等生

第一部分　天崩地裂

2013年5月20日，成都军区空军建设的群众文化广场、便民服务棚区在震中芦山龙门乡最大的集中安置点投入使用。图为幼儿园的孩子们在广场上玩耍。

活设施匮乏造成的。同时这也是由地质灾害造成的，比如山体滑坡和地震等。

　　龙门山断裂带仍在动荡中。有时，它会发出嗡嗡声。有时，它会发出尖叫。而这并不是中国唯一的不断抽搐的地球结缔组织，它终有一天还会被突然撕碎。

　　当2010年的青海玉树地震把我带到青藏高原上的地震灾区时，我加深了对此的认识。那时我们在四川的志愿者工作发生了变化，我在玉树的曲麻莱县发起了一个新的项目。

　　中国和世界在战胜自然灾害的过程中吸取了很多教训，从工程到伦理，都积累了很多经验。

　　雅安最能证明这一切，这里更多的建筑屹立不倒，志愿者们蜂拥而至。

地球的地壳还将继续断裂，继续伤害和杀戮。但遇到这样的事情时，人们已经准备好团结起来，去拯救，去医治。

这就是汶川带给世界的经验。

| 第二部分 |

走近天堂

太阳升起 "美国小哥"见证中国扶贫奇迹

2010年4月14日，中国的地壳再一次大发脾气。

继四川省的汶川县之后，青海省玉树藏族自治州成为中国又一个重大地震灾区。然而，我从汶川前往玉树灾区的道路并非是一条直线。

我们在四川开展的志愿者项目已经发展到一个新的阶段——将全国最穷困地区的学校校长请到北京参加培训。

我遇到罗松江措时，他告诉我，他在青藏高原上的小学由于没有电，牧民们的孩子前途一片黯淡。

我没有立刻明白他的意思。

"是这样，"他说，"一块太阳能电池板只需要4000元。"

我心想，"4000块是不少，可也不……想想它的收益吧，这么多孩子可以用上电，然后得到更好的教育。"

于是我说："行，我给你买块太阳能电池板吧。"

结果当时太阳能电池板每块需要5000元，而这个学校最少需要2块。

我一路跋涉到了玉树的曲麻莱县叶格乡，确保电池板的购买、安装和运行都按照计划进行。

我发现，这个地方在很多方面仍处于黑暗之中，原因远不止于太阳落山后没有玻璃灯泡里的细丝带来光明这么简单。

这种现象可以再一次归咎于地理条件。我们星球的这个地方地质不稳，因而发生了这场大地震。但还有更多严苛的条件让这里担得起诸如"地球第三极"和"世界屋脊"这样的称号。

站在这个地方，你有时甚至会忘记上一次冰河世纪1万多年前已然结束。

很多牧民仍住在最基本的、通常是土坯的屋子或帐篷里，而不是多层的建筑，这也是玉树地震时伤亡不太多的一个原因。

这场7.1级地震造成1100多人死亡。中国调集已在四川经历考验的先进救援和恢复力量驰援青海。而在这里，救援人员学会了应对新的挑战，比如高原反应。

2011年夏天我在高原上采访时，所到之处仍然看到了熟悉的帐篷、窝棚和废墟等景象。

对我来说，为叶格乡的学校提供太阳能不论是在现实里，还是在隐喻意义上，都是一个在黑暗中创造光明的机会。

但是第一个灯泡点亮之后，我意识到还有更多、更艰巨的挑战。

牧民们缺乏很多最基本的物资。食物、衣服、药品——甚至是鞋子。条件最差的孩子们走在雪地上时，脚上只有几层袜子，外面裹着塑料袋。而这样的情形不止于叶格，整个曲麻莱乃至更广大的地区都是如此。

我去过全球30多个国家，在中国也走过很多地方。曲麻莱可能是唯一一个我不得不用"令人震惊"一词来形容其贫困的地方。

多年以后，我还会用同一个词来形容曲麻莱取得的进步。

这一路上，我也同样脱胎换骨。我学会了在看似无法找到光明的地方创造光明。

这个念头就闪现在那柄即将刺中我面门的刀刃之上。

这一点光亮直到今天仍在闪耀。我相信它将一直闪耀下去。

刀、暗夜与光明

突然之间，出租车司机举刀在我脸前挥舞起来。

"你真的不加10块吗？真的吗？"他大喊着，朝我眼睛刺过来。

我嘴角抽搐了一下,拽出一张20元的钞票——这是我手里面额最小的钱。他很满意地离开了,虽然他看到我鼓鼓的钱包里一定塞着几千元。对他来说,这件事关乎荣誉,而不是钱。这不是抢钱,而是虚张声势。虽然那时我还没有完全理解这是怎么回事。

当地的朋友跟我说过这种已渐渐消失的习俗,但我根本没想到会亲身经历这样的事。

那把刀让我在讲述这件事时用上了第一人称。

上车之前,我跟司机商量好付30元,然而开到一半,他要求再加10块。

那趟路跑了大概5分钟,或者稍微长一点。那天我乘坐同样款式的正规出租车跑了整整12个小时,只用了大概80块钱。从我住的旅馆去找地方吃饭,也只用了20块钱。

当时我吃完饭正要回旅馆。我们出发前就已经讲好了价钱,中途涨价让人觉得很没道理。

而且说老实话,那个时候最琐碎的小事也会让我很不耐烦。

在曲麻莱县最偏远的地方旅行了两周后,我半夜才抵达玉树州首府玉树市。在那之前我还从未有过如此激动人心和收获丰富的旅行。

那两周里,我领着一群志愿者深入曲麻莱腹地,给几所小学安装太阳能电池板、电脑室、多媒体中心、音乐教室,以及图书馆。我们还给最穷困的家庭送去了食物。

我们这一路缺乏最基本的物质条件,但也获得了巨大的喜悦。

我们遇到的各种状况包括:一场不太严重的地震;多起滑坡;车总是陷进烂泥;孩子们朝我们的车扔石头,给一扇前挡风玻璃制造了一幅蜘蛛网，随着我们在"地震路"上颠簸，蛛网越织越大，弹丸枪打碎了几扇侧窗（又是孩子们干的）；撤走13名志愿者，包括我妻子Carol和蹒跚学步的女儿Lily，他们出现了严重的高原反应（所有人中只有我幸免）；没有上下水；粗糙的食物；原始的住宿条件；有限的电力；几十个小时穿行在坎坷的道路上——有时根本没有路，偶尔还要冲过小河。

我沉浸在真正的藏族牧民生活里，体验了很少有外来者——更不用说老外们——能够进入的另一个世界的生活。而且我受到了那些生活极度困窘的人们无私的盛情款待。

可是这样的艰苦生活过了两周之后，我迫不及待要赶回北京，享受大都市的舒适，与家人团聚。

就在这样的时刻，那把刀出现了。

有大约两天时间，我除了偶尔啃几口一位僧人给我的几块饼干，什么也没吃。来玉树市的路上，我和他挤在一辆小车里有大半天时间，"震骨路"让我们俩像砂槌一样晃个不停。

夜半时分，我终于到了旅馆。洗了一个令人失望但毫无悬念的冰水澡——两个星期里头一次洗上澡。然后，我打了个车去找深夜还开着门的小饭馆。

司机把我送到一个面摊前。我们口头谈好的价钱是20块，就路途来说，这5分钟的路程花的钱可比在北京要贵得多。

不过，我还是同意了。好些天几乎没吃什么东西，我已经饿坏了。

我也好几星期都没有无线信号了。像一头好不容易捕着猎物的鬣狗一样，我一边忙不迭地往嘴里刨着面条，一边赶紧在手机上跟北京的家人和美国的父母联系。

这一通联系下来，手机最后那格电也耗光了。前面几周我很少有机会充电。想当初我之所以会来到玉树，一个主要的目的就是给没有电的地方送电。

没关系,我想。一到旅馆房间,我马上就能给手机充上电。结完账,我再次去寻找出租车回旅馆。

就在这样的情况下,我遇到了这位"拔刀司机"(这是后来我给他起的外号,多半是出于幽默)。

我一眼就认出了他在我面前挥舞的那把细长的双开刃短刀,这就是那种我在青海时常用来削牦牛筋的刀。无论我怎么用大牙嚼和磨,这种筋都不可能咬烂,就连用刀都很难把它从牦牛肋骨上剔下来。

我的皮可比牦牛皮薄多啦。于是我乖乖交出了那张钞票。

我过了街去找旅馆,因为上车时我只跟司机说去附近的医院。我本打算从那儿走回去——不过这么打算时我还处于比较正常的状态。眼下我仍然惊魂未定。

从一条后街上出现了一对中年回族夫妇——从他们的民族服饰上可以看出——昏暗的灯光下他俩像"鬼影"一样移行。

我问他们知不知道我住的旅馆在哪儿。刚才让我一下热血上头的肾上腺素突然之间挥发殆尽。两腿就像灌了汤的口袋,我晃荡着挪了几步,直到它们彻底罢了工。

我初次访问青藏高原上一所牧民子女的学校时,得到了这样的启示:"有时,在贫穷这条黑暗隧道的尽头,那道光让孩子们天黑以后也能读书。"

我几乎跪倒在地，口齿不清地用汉语问："对不起！在哪……哪里……怎么去——对不起，有人拿刀吓我……呃……最近的旅馆在哪里？"

他们指了指前方说："往那边走，大概200米，左手边。"他们的脸上写满了关切。无法想象他们是怎么想的。

我终于回到旅馆，用力去推玻璃门。门锁着。

我使劲拍门。良久，大厅沙发上一大堆毯子耸动起来。昏暗中我根本没注意到沙发。毯子莲花一般层层绽放，终于露出一位披着袍子的僧人。他不紧不慢地走过来。

我们隔着玻璃门对喊，但谁也听不见对方。我掏出门卡"啪"一声贴在玻璃上，证明我是这里的客人。他终于不需要语言就明白了。

谁知道他当时在想什么，一个惊慌失措的老外大半夜跑来砸门，把他从美梦中惊醒。而我同样疑惑为什么一位僧人会在旅馆工作。我至今也没弄明白。

他放我进了门，简短地吼了一句"没电了"，就又钻回他那层层毯子裹就的茧子里。

于是，我一路摸黑上楼——手脚并用。来到我心目中自己的房间，门卡不管用。可能是因为停电吧，我想。

再次摸黑下楼，我去沙发那儿推那堆毯子，一边忙着道歉。终于，毯子裹成的花骨朵再次绽放，那位僧人嘟囔着冒出头来。他打开手电，把我领回房间——比我刚才摸去的楼层再高一层。他帮我开了门。

屋里伸手不见五指。我痛恨黑暗。它让你无法分心。

纯粹的黑暗……和寂静。

刚刚经历了一柄利刃在脸前挥舞，现在又困在一间"感官剥夺室"里，没有比这更合适思考人生的时刻了。

事实上，删除了一切纷扰，思考也是我能做的唯一一件事。纷繁的思绪前往的第一站就是汶川震区。然后，我的大脑开始信马由缰，或者更准确地说，展开了脱缰野马模式。

刚到旅馆还有电时，我注意到房间里的电话被从墙上扯下来，随意扔在盖着啤酒瓶的毯子上。在不太发达的地区，这种事情有可原。那个时代，这样的情况实际上颇为常见。

想着喝点啤酒能压压惊，我用相机的闪光灯去找酒瓶（我的手机已经没电，本来还想用它当闹钟去赶早上的飞机）。黑暗中，一个、二个、三个瓶子在我脚下相继闷响碎裂，这让我的神经麻木，却让我的感观更加灵敏。

然而，黑暗逐渐占据上风。在那个时刻，在那个房间里，似乎没有可能逃离黑暗。比起那柄利刃上的凛凛寒光，这黑暗要糟得多。

即使是这样，即使是我在玉树遇到的至暗时刻，我还是想起自己之所以来到这里，就是为了送来太阳能电池板——送来光明，送来更明亮的未来。

2011年，我们给叶格乡小学的帐篷装上了两块太阳能电池板，近80名学生住在这7顶帐篷里。图为帐篷里第一次被电灯照亮时孩子们欢呼起来。

我从未想到，有朝一日自己也会处于这种因为贫穷和没有电而造成的黑暗之中——这不是感同身受、设身处地，而是切切实实就发生在我自己身上。

我最后决定，我不会放弃玉树，或者中国，或者任何事情。多半如此。最好还是睡一觉再决定。可我怎么也睡不着。也许我最好别睡。万一醒不过来错过飞机怎么办?

于是,在我遭遇这场关乎生命价值的存在危机时,睡或不睡一时之间就成了一个主要而现实的担忧。

就在那时,我原谅了那个对我拔刀相向的人。他就是我为什么要来玉树的原因。更进一步而言,是他的子女这一辈人。

我早已听说很多目不识丁的牧民不得不小偷小摸。遇到冲突时,一种古老的行事方法是用刀给对手留下一道并无大碍的伤疤,既伤了对方的自尊,又获得小小的荣誉感。

当地人告诉我,随着发展和教育普及,这种行为正在消失。今天几乎已经看不到这样的事了。

有趣的是,教育大家戒掉此类习俗的恰恰是孩子们。而且令人惊讶的是,成年人们似乎也很乐于接受新鲜事物,比如勤洗手、少抽烟、少喝酒等等。这样一来,当地的学校不仅仅是在教育学生,而且通过学生们,也教育了父母。

当时玉树州的年轻人有可能是因为缺少教育和经济发展机遇铤而走险的最后一代人。这一点在此后数年的发展中得到了证实,政府推行的各种措施给当地带来了迅猛的发展,不仅改变了社区的基础设施,也革新了这里的社会结构。

这是从今天回顾过去时看到的长期发展趋势。

那天晚上我还有更紧急的事要操心。飞机!我必须去赶飞机!

突然之间,睡意袭来,不管我想不想睡,我很快就坠入了梦乡。不太清楚具体的时间,我猜已经到了早上4点,而我必须在6点起床。

回房间前,我一再拜托那位老大不情愿的僧人早上一定要叫醒我——他模棱两可地哼了几声算是答应。而他并没有来叫我。

不过我把门和窗都留着,期望光线和声音能把我叫醒。这倒是挺管用。

电已经来了。我赶紧给手机充上电，然后给老板打电话说明情况。

然后，我给家打电话。2岁女儿的声音比以往任何时候都甜。"我爱你，爸爸！我想你啦，爸爸！"她不停地叫着。

紧接着，我给当地最好的朋友才让本打电话。我一天前离开曲麻莱县城后，他还待在那儿。他请一位好友开车把我送到玉树机场。

通常，我会坚持自己打车，因为我不愿意麻烦朋友，更别说是朋友的朋友。可是那一天，我马上就接受了他的好意。

来到小小的机场，我在候机室门外一直等到有人来开门。我就坐在门外，在同样的地方，2011年我曾经因为目睹当地的穷困泪如雨下；也曾因为叶格乡第一顶帐篷被电灯照亮喜极而泣。

泪水再次夺眶而出。感觉好像某种循环刚刚转满了一圈。两年了，我又站在同一个地方，做着同样的事——但有点什么不一样。很不一样。

即使在那间旅馆房间里的至暗时刻，我仍然记得来到玉树的初衷是为了送来太阳能电池板，为了分享光明，为了照亮一个共同的未来。

我来到青海是为了在穷困与富裕、黑暗与光明之间的前线战斗。

那一晚，我只能走向内心深处寻找光明。这点光亮来自曲麻莱的孩子们，他们虽离我很远，精神上却与我相通。

那天早上，坐在候机室门外的草地上，我眯起眼睛望着灿烂的太阳。我下定决心永不放弃——尽管有这样的黑暗时刻，我仍会一直走向光明。

我已在汶川灾区见识过黑暗，而后见到了光明。我又在玉

第二部分　走近天堂

青藏高原的朝阳格外耀眼。

树灾区遇到了黑暗,同样又见到了光明——而这一次,我们共同创造了光明。

　　自古以来有关光明的字面含义和比喻意味在我大脑里以全新的方式盘旋升腾。

　　无论从哪个层面来说,我们都给这些孩子们带来了光明。而他们同样也给我光明的启示,虽然这是从一个非常确定的层面而言。就在我们各自最需要光明的时刻,我们分享了光明。

　　正是这些孩子们带来的精神上的光辉帮助我度过了黎明前的黑暗,大步走向未来。

太阳升起　"美国小哥"见证中国扶贫奇迹

照亮未来的小太阳

　　叶格乡的孩子们是这里第一代能写会算的人，可是每到天黑时分，他们就成了事实意义上的文盲。

　　2011年，青海省玉树藏族自治州曲麻莱县叶格乡小学的137名学生中有78人住在学校的7顶帐篷里，这里还没有通电，也就没有电灯。

　　来到叶格小学之前，我没想到要为这些帐篷装上太阳能电池板，也不知道学生们住在帐篷里，更不曾预见此行将改变我的一生。

2011年时叶格乡的大部分成年人还是文盲。乡里的老师跨越数千公里的草原，挨家挨户访问牧民，劝说他们把孩子们送到学校，而不是留在家里放牦牛。老师们有时只能徒步，路上可能会遇上熊或者狼。

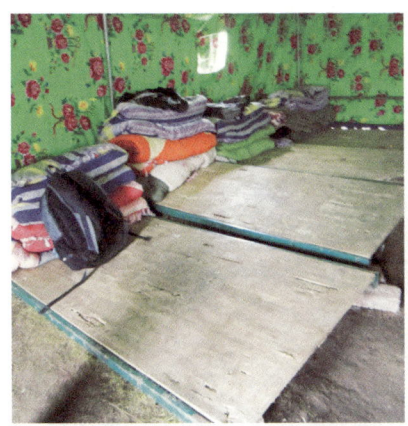

左上：2011年，近80名学生就睡在7顶帐篷里的这些木板上。

右上：学生们在他们住的帐篷前排队领午饭。一个女孩把碗扣在一个小男孩头上当帽子。

下：2011年，一个孩子坐在叶格学校的"食堂"帐篷外。帐篷上印着"救灾"字样。

　　我本来想把电池板装在学校教室，但校长和老师们坚持说，帐篷里更需要电。

　　"孩子们白天上课，窗户能透进光线。"副校长严丁求培解释说，"但他们晚上得在宿舍里自习。"

这个变化来得有点突然，不过当我看到这些没有窗户的帐篷时，立刻理解了他们的要求。其中几顶帐篷大概属于地震救灾物资，因为上面印着"救灾"二字。学生们就睡在没有铺垫子的木板上。

老师们说，有了太阳能电池板，学生们就不仅有了光线可以看书，还可以看电视，甚至能看看电脑是怎么回事，如果他们还无法学习使用电脑的话。

那时我只是想，给这些不到日落里面就已经全黑下来的帐篷点起灯是主要目标，运行其他电器也许不过是锦上添花。直到后来我才意识到，这些电器对于这里的学生们的教育来说，是多么重要。

电瞬间改变了叶格乡的教育局面。这里只有大约2000名藏族牧民，以游牧方式放养牦牛。

"太阳能电池板给孩子们送来了新的眼睛。"严丁求培说。

在美好的寓意之外，比起原先在烛光下费力地看书写字，孩子们的视力确实因为有了电灯而得到了保护。

叶格乡红旗村的队长坎加告诉我，有了电以来，已经有更多的适龄儿童去上学。

"没有电，学校就像个监狱。"他说，"父母们不愿意孩子上学，他们觉得上学还不如跟着放牦牛。"

同时，更多的老师也愿意留在这里教学，这也是我之前没想到的事。合格的老师很少愿意到高原上像叶格这样的艰苦地方工作，即使去了，也经常待不了多久就会离开。

我不责备他们，一点也不。但我非常敬佩那些多年坚守在这里的老师。他们几乎成了学生们的父母，给孩子们理发，还给他们擦鼻涕。

我本想自己安装电池板，我也做到了——在老师们和激动万分的学生们帮助之下。

曲麻莱县城虽然像个小镇,但是全县总占地4.7万平方公里,比瑞士的面积还大。

2011年,叶格乡的400多户人家中只有大约20户能用上电。但这个散落在广大地区的社区其实十分紧密。所有人都互相认识,大家经常互相串门,至少在定居点核心区是如此。

很多叶格的孩子已经在那20来户能用上电的人家见识过电的好处,模糊地知道电能给他们的生活带来巨大的变革。

他们根本等不及我磕磕碰碰地完成组装。我和老师们还在忙着装电池板,把电线跟电池连起来时,孩子们就在帐篷之间布起了线。

灯第一次亮起来时,孩子们爆发出一阵欢呼。我的心也欢呼起来。

那是我终生难忘的一刻,那道亮光灼痛了我的神经。那一瞬间,光明在好几个层面上战胜了黑暗。刷——!黑暗消失了,被光明赶走了。

在我将太阳能板跟电池相连时,兴奋的孩子们忙着布线,把电池板跟他们的帐篷相连。太阳能板发的电不仅带来照明,也带动了电脑。那时在叶格乡和周围的牧民社区,电脑还极为罕见。

太阳升起　"美国小哥"见证中国扶贫奇迹

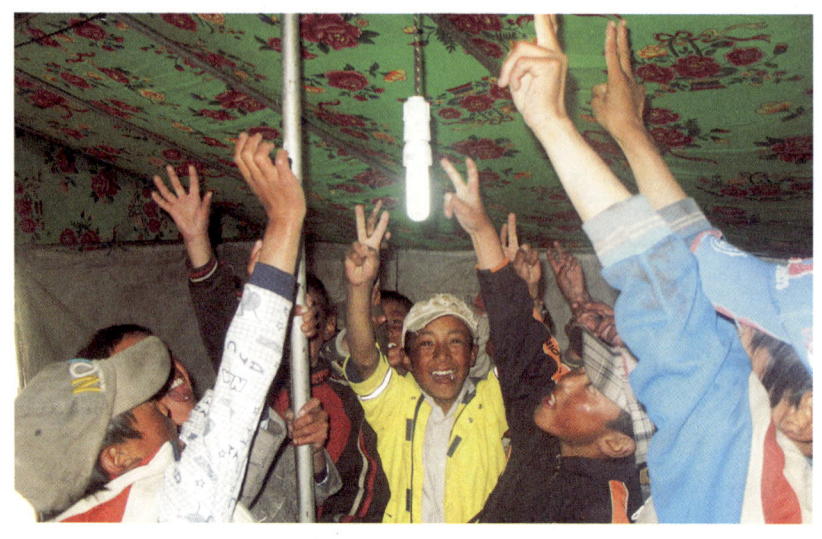

光明第一次来到他们的帐篷里，孩子们欢呼起来。

几分钟内，就有人拖来了一台灰头土脸的老旧电视。帐篷里挤得水泄不通，孩子们欢呼雀跃，就像突然间涌入电线的电流一样莫名兴奋。

才让本老师把手提电脑插上电源时，引起了孩子们更大的狂热。直到他2009年来到学校，一些孩子才第一次见到电脑。

才让本笑着回忆说，有些学生初次看到他的手提电脑时非常吃惊，"一个孩子见我在打字，就问我怎么才能把这'魔法纸'从屏幕上拉出来。"

我想象了一下，第一次看到文字以电子形式出现，这的确看上去像是某种神秘的魔法。

后来，我才意识到电脑具有怎样的魔力。再一次，我低估了电脑可能拥有的变革性的力量，特别是在青藏高原这个近乎"与世隔绝"的地方。我一开始只想到用太阳能电池板发电点亮电灯，目光并不长远。

"在得到电和电脑之前,学生们无法了解书本上没有的外界。"严丁求培解释说。

"很多老师也是这样。"才让本补充说。很多老师是当地人,没上过大学。其中一些只是小学毕业,还没离开过草原。

"他们没法告诉学生外面的世界是什么样的,因为他们自己就没办法去了解。"才让本说,"所以学生们特别想学电脑,去了解比老师懂的还多得多的东西。"

六年级学生热增多杰告诉我,他相信电脑可以平衡叶格乡严酷的自然条件造成的教师短缺。"电脑和投影机(我们捐赠的)会教我们更多东西,特别是汉语。"这个16岁学生说。

热增多杰的梦想是成为一名科学家,尽管学校无法开设科学课。他说,这就是电脑可以发挥作用的地方,"科学活在网上"。在那之前,我从未想过科学对网络的依存度已经如此之高。

另一位六年级学生尼玛措毛说,用电脑学习有助于她成为一名教师。"然后,我就可以帮助大家学会很多东西。"这位13岁的学生用不太流利的汉语说,"电脑和投影机能帮助我们学好汉语。"

扎西达瓦老师说,技术对于为叶格的孩子提供基础教育至关重要。

"最大的变化是手提电脑、iPad和投影机。"他几年以后说。那时政府和我们的志愿小组已在两个以前闲置的多媒体实验室安装了好几台这样的设备。

2013年,我们给学校捐赠了两台笔记本电脑、五部迷你iPad、两个电子书阅读器和一台投影机。我们还建了一个图书馆和一间音乐教室。

"电脑给教育带来了革命。它们让孩子们看到外面的世

我和孩子们一起庆祝太阳能电池板安装成功。

2013年,曲麻河小学的学生收到了我们的志愿者小组送来的太阳能电池板。

界，看到他们从未想象过的东西。"扎西达瓦说。

老师们很感谢这些帮助，但这也给他们带来了新的挑战。学校尽力安排200个学生轮流用这不多的设备来学习一些基本技能，包括打字和上网。

很多教师也需要不断学习。才让本解释说："一开始，我们让几十个学生挤在一个小房间里唯一一台手提电脑周围，我试着让孩子们轮流学着用我的电脑打字，但是人太多了。现在，学生们分成小组学电脑，老师也用电脑和投影机上课。"

电脑的价值很快就超出了简单教授学生们如何操作它们。2013年，我们给学校安装了3G的Wi-Fi。

"现在，我们有了一个可以收集资料的来源（互联网），可以用来教牧民的孩子。"扎西达瓦老师说，"比方说，他们以前不知道大象是什么。现在，我们可以下载图片给他们看。而且我们可以用投影机放图片，这样所有孩子就都能看到了。这不仅让他们学到更多知识，也把学习变得更有趣。"

那时在叶格乡的老师和所有人当中，扎西达瓦可能是最懂技术的人。但电脑送到叶格后不久，他就转到了县城去做更轻松的工作。

这也情有可原。但他离去后叶格小学只剩下不多的几个老师，懂技术的人就更少。我走后不久，Wi-Fi就不能用了。

2015年我回到叶格时，小镇在很多方面已经变得让我几乎认不出来。由政府配备的电脑试验室只是其中最大的变化之一。

那时，政府已经完成了基础设施建设，确保学校和整个乡全天24小时都有稳定的电力。

"一些有钱人家甚至买了电冰箱和洗衣机。"叶格乡政府人力资源部的负责人热桑告诉我。更多的人都开始上网。

孩子们在叶格的大草原上吹泡泡玩。

政府给每户人家免费发了一台电视和卫星接收器。外面的世界终于通过屏幕来到了这些祖祖辈辈生活在高原的人家的客厅里。大家都非常喜欢看电视。

电视的普及给这里带来了一个出人意料的结果,在整个曲麻莱县,霹雳舞忽然风行一时。

这种极富体操性质的舞蹈诞生于20世纪70年代的美国纽约。乍看起来,它不太可能在稀疏散落着几户藏族牧民的偏远高原扎根。可是霹雳舞的确像一把野火一样烧遍了草原。

"跳藏舞需要音乐。"13岁的普求说,"我们可以在任何地方跳霹雳舞,可自由了。"

叶格小学14岁的学生仁忠加说,第一次在电视上看到霹雳舞时,他惊呆了。"我从来没看到这样的事情,太不可思议了。"他说。

他的同班同学,15岁的成林西然解释说:"我们受到电视启发,然后就自学起来。"

才让本老师说:"这里本来就没有太多事可做,看电视就成了最主要的娱乐,特别是在冬季。"

另一种娱乐方式就是跳舞,特别是在夏天。才让本说,有句藏族谚语说得好,"只要会说话,你就会唱歌;只要会走路,你就会跳舞"。

"我特别喜欢跟朋友们一起跳,可是这太累人了。"仁忠加喘着气说,他刚刚跟朋友们在课间跳了一阵。

他以前的同班同学,17岁的热增多杰已经加入了曲麻莱县中学的b-boys(霹雳舞男孩)。"这是一种特殊的舞蹈。"热增多杰说,"它是很好的锻炼,比其他形式的舞蹈更好的锻炼。"

当通常不识字也不了解外面世界的父母们来到学校时,他

政府提供了电和电视后,青藏高原上的孩子们流行起跳霹雳舞。玉树州的b-boys(霹雳舞男孩)说他们喜欢霹雳舞是因为这不需要配乐,他们放牲口时也可以跳。

们看到的表演里经常会有霹雳舞节目,这让观众们又高兴又惊讶。孩子们学会了这么复杂的舞蹈,而且是来自他们闻所未闻的一种文化,这给父母们留下了非常深刻的印象。

"我们这样跳舞时大家都很喜欢。"普求说,"我们给大家都带来了欢乐。"

可是直到2012年,叶格附近的东风乡还未能通电。于是,我们决定做些什么。

那一年我因为别的事没能去成青海。几个朋友——一个英国人、一个美国人和他的母亲——从北京一路开车去了青海。他们在东风乡安装了太阳能电池板,还给叶格送去了牦牛。那年年初,一场暴风雪冻死了叶格小学一多半的牦牛。

第二年,我在曲麻河乡小学装了3块电池板。严丁求培离开叶格后调到这里当校长。

就像以前在叶格一样,曲麻河的学生们也是就着烛光或小太阳能灯看书。180多个6岁到15岁的孩子就簇拥在这些微弱的光源旁,眯着眼埋头写作业。

在三年以前,政府给学校配了太阳能板,但发的电只够上课铃和广播用,学校70%以上的教室都没有电。

附近的政府办公室有一个太阳能农场,跟学校共享2块电池板,偶尔会给少数几个教学楼供电。但是这套系统每次只能给学校提供一个小时的用电,如果政府有活动就不能使用。

"晚上8点以后,或者最晚到8:40的时候,学生们就没有电了,全年都是这样。"严丁求培说,"如果政府用得多,我们得到的就少,如果用得太多,我们就得等好多天电池才能充好电。"

而且学校有自己的电池板之前必须花钱买电。"我们一直欠着债。"严丁求培告诉我说,"我们一分钱也还不上。"

这种情况在我们捐赠了太阳能电池板后结束了。也是在这个时候，我们开始摸索运行模式。我们给一所学校安装了太阳能电池板后，第二年就送去电脑。

"我希望能有更多电脑。"曲麻河小学11岁的白玛永吉告诉我，"它们的信息很有趣，很令人激动。"这位五年级学生梦想着成为一名医生，"医生很有文化，而且去帮助别人。"

学校里的藏语老师才华相信，我们捐赠的电脑会给当地的教育带来革新。"互联网能教给他们更多东西，他们除了看看图片之外，不知道北京或者天安门是什么样，他们不知道首都是个什么样的城市。有了网络，他们就能看到城里的学校是什么样子，那些学生怎么学习。我们最急需解决的问题是电。这已经给老师和学生们生活的方方面面带来了改善。"他说。

严丁求培则希望有了电之后，曲麻河可以用上最简单的淋浴。"没有供水设施，孩子们没办法洗澡。"这位校长说，"学生们现在都用井水。我们每年有两个月下雪不多，比较暖和的周末时，老师们就带着学生们去河里洗澡。"

在我去的路上，看到一些工人正在沿途挖沟，准备给县城铺设管道供水。

"我们发现，孩子们洗澡越多就越少生病。"严丁求培说，"现在孩子们生病了可以去诊所，学校会给他们付医药费。"

电还在其他方面立刻带来了益处。"我们早已有了冰箱和洗碗机，但一直都放在食堂角落里，还没拆开包装，因为我们没有电。"严丁求培说。

2010年地震后，检查人员认为学校的食堂不够安全，所以食堂已经重建。

"对于我们牧民来说，肉类和鸡蛋不能缺少，这都需要冷冻。"严丁求培解释说，"我们的社区到了冬季就成了一个大

147

太阳升起 "美国小哥"见证中国扶贫奇迹

2013年，孩子们在曲麻河小学学习、生活和玩耍。

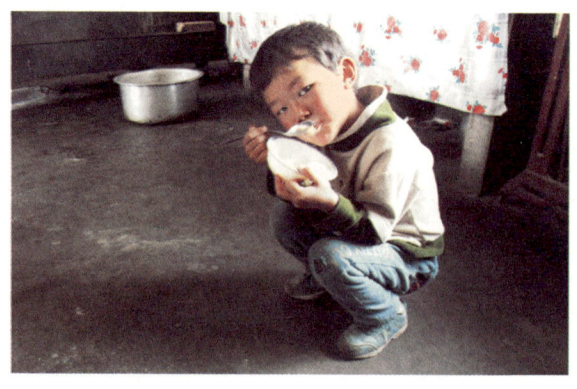

一个孩子在曲麻河小学的食堂里吃饭。食堂里的冰箱和洗碗机闲置了几年，因为食堂和大部分校舍在得到捐赠的太阳能电池板之前都没有电。

冰柜，整个县都是个巨大的冷库。"而食物到了气温高的6月和7月就会腐烂。

2013年，才让本和我给曲麻莱县最落后偏远的多秀乡学校安装了太阳能电池板，有102名学生在这里学习。

高伏电池板的价格那时已经从5000元降到了2500元，而且质量也已提高，这是由于政府补助和改善的路况让运输成本降了下来。

我们知道政府在加紧给曲麻莱供电，只是我们从未想象过这么艰巨的任务能够这么快就完成。

2011年我在曲麻莱得到的启示是："有时，在贫穷这条黑暗隧道的尽头，那道光让孩子们天黑以后也能读书。"

从这些年的进步中，我得到的启示是，中国正在像曲麻莱这样的地方创造光明的未来。

模糊的清醒时刻

瘫痪后，然西玛无法下床，拿不到那把刀去结束自己给家人造成的负担。

于是，这位79岁的老人只能用牙去咬自己的手腕。说着，她撸起袖子，手腕上都是杏仁大小的咬痕。

这里那里新肉正在长出，像小小的"邪恶之花"一样绽放。

"我们没有钱，吃的也不够。"她躺在床上跟我说着，指间念珠走个不停，在她脖子下嘎啦作响，"我们仅有的东西得留给孩子用,我用不着了。我的兄弟姐妹们都离开这个世界了。我也要去见他们了。"

她说话的语气非常就事论事,似乎是在念一本使用指南。

我抬起手臂,假装朝臂弯里打了个喷嚏,悄悄抹去了眼泪。

就在此时,就在此刻,我决定自己对这个社区的参与绝不应止于两块太阳能电池板。

最初来到叶格乡的那些日子,我看到了各种需求,但第一眼见到然西玛伤痕累累的手腕那一刻,一切都改变了。

我看着然西玛的眼睛,暗暗下了决心,泪水不再流淌。人们的眼睛经常会讲述无法诉诸语言的故事。

然西玛认为,他们的困境已经超出了她孀居的女儿拉毛的

2011年,79岁的然西玛和她48岁的女儿拉毛。然西玛瘫痪在床让他们的生活很艰难。然西玛曾经试过结束自己的生命,不过,我见到她几个月后,她死于自然原因。

能力。拉毛的叔叔和婶子去世后,他们1岁的儿子才仁东周就一直跟拉毛一起生活。现在他已经7岁。

"我女儿没法工作。"然西玛说,"都怪我没本事照顾自己。"

48岁的拉毛在叶格能做的唯一工作就是捡拾牦牛粪。可是这样的工作干上一年,最多也不过几百块钱的收入。

这家人主要靠着好心乡邻们的接济勉强度日。那时他们住的那个小土坯房也是从邻居那儿借的。

拉毛说,家里不多的一点现钱都用在了食物上,因为他们没有自己的牲口。

"有时候,如果人家有多余的食物,就会分我们一点。今年我们还没吃上肉。"她说,"我们从来没尝过蔬菜,或者水果。从来没有。我们只吃大米和面饼,就这些。政府给我们一些面粉、油和糌粑(一种用手搓出的青稞面粉、很有嚼劲的牦牛奶酪、糖和牦牛奶的混合物),但这也不够。"

只要能省下一点钱,母女俩就会给孩子做件衣服。

"大人可以好多年穿一件衣服。"然西玛说,"可是孩子不断长个。"的确,以后好几年,我每次见到拉毛时,她都穿着同一件袍子。

离开他们时,我从钱包里取出一些现金,按照中国人的传统,双手捧着送给然西玛。她笑了,露出了牙床。她握紧念珠做出叩头的姿势。

我们握住了对方的手,我们的脸相距咫尺。她努力昂起头,碰了碰我的额头。

我走了出去。这是我最后一次见到然西玛。

我遇到然西玛半年后,这位老人终于如愿以偿。2012年3月,她死于自然原因。不久,才让本在电话里告诉了我这个

自从2011年以来,政府政策已经改善了拉毛和她叔叔的遗孤、7岁的才仁东周的生活。拉毛一开始不愿意送才仁东周去上学,直到当地的老师说服了她。

消息。

我的第一个念头是拉毛此时会作何感受。才让本说,拉毛变卖了一多半的家当,凑齐了母亲的葬礼费用。

然后我想到,然西玛的过世会不会如她所愿减轻她的家人经济上的负担。

但我那时并不知道拉毛也是一位精神残疾患者。当地人都知道这件事。才让本尽力解释了拉毛一家的困境,但2011年我并未完全理解。

实际上,我刚开始还无法分清牧民的风俗和个人的特殊行为。这背后的一个主要原因是语言障碍,这里的大部分成年人不说汉语,而我只知道屈指可数的几句藏语。

以后的那些年,只要我去叶格,总会去看看拉毛。我越来越能看出事情的真相。

我家墙上挂着一张拉毛的照片。她身着藏袍侧坐在草原上,笑得正好。她身后,一个男人倚在摩托车的车把上,叼着根香烟。他们身后的土墙与远山形成鲜明对比。

拍摄这张照片的那一天,我终于意识到拉毛的精神残疾。2015年,我们临时决定去看望她。

第二部分　走近天堂

曲麻莱的人经常这样一时兴起互相拜访，事先不用打什么招呼。那天我们就这样去了拉毛家，想跟她聊聊近况。通常不请自来的客人会得到牦牛奶茶的款待，有时还有硬面饼或酸奶——如果主人家里有糖的话，还会给酸奶撒上糖。

在当地，来登门拜访的客人通常都跟主人沾亲带故。不过即使非亲非故，主客也会亲如一家。

老外从未到过叶格。我是大家能想起来的唯一一个老外，哪怕是到了2019年。

所以不论我走到哪儿，总是受到人们的盛情款待。那些自己几乎一无所有的人们总是倾其所有来招待我。

几天前我还刚刚访问过拉毛的土屋。虽然没什么家什，却也很干净。

灶上一口锅咕嘟着，你的肠胃早在你的鼻子之前就会告诉你，这是一种非常可口的味道。

不过几天后，这里好像刚刚刮过一场风暴。半满的锅俨然一口大号的金属培养皿，浮着一层蓝幽幽的东西。

我上次访问时，她显然早已知道并且特意收拾过，或者别人提醒过她。

后来我跟才让本提起这两次访问的明显不同。他解释说，其实拉毛生活并不能完全自理，她得靠邻居们不时帮忙。

才仁东周也是如此。我不由得担心，才仁东周在这样的环境里怎么成长。

"老师们照顾他。"才让本说，"他每天三顿都在学校吃，老师们帮着把他拉扯大。他回家只是睡个觉。"

好吧，我想，比起学校里的一些同学，至少他睡的床更舒服一点吧。除此之外，他就像那些住校生一样，但他们都远离家人，而且非常想念家人。才仁东周至少晚上还能回到家，跟

2013年,拉毛住在由政府补贴的房子里。

养育他的拉毛一起过夜。从某种程度上说,他得到了两个世界最好的东西。

其实一开始时拉毛并不愿意让才仁东周上学。她告诉我说,几十年前,她亲生的儿子死在学校。那时曲麻莱的牧民还很少送孩子上学。她探进袍子深处,摸出一张身份证。

"他今年该29岁了。"她说。

最终才让本和其他老师说服了拉毛,每天都送才仁东周上学。

"我觉得这太危险了。"她在2015年时告诉我,"现在,我知道这没事。不,不光是没事,这很好。"

我突然醒悟过来,为什么她无法应付最基本的需求。这不光是因为她故去的母亲身有残疾,这也是因为她自己的残疾。

这个家庭的困窘与她愿不愿意工作关系不大,问题在于她能不能工作。

对于一个几乎无法照顾自己和家人的人来说,如何指望她到外面去挣钱养家?她又怎么来管理这点收入?

我初次遇到拉毛后,她买了几头牦牛,但她不得不借钱雇另一个牧民帮她放牧。她说,要是才仁东周能把牛赶到牧场,并且会挤奶就好了。

"可我知道他在学校更好。"她跟我说,"这不光是为了

第二部分　走近天堂

我们眼前，也是为了他的将来。"

我问她这几头牛能挣多少钱。"没有。"她说，"照顾它们花的钱比它们能带来的钱可高多了。"

我完全不明白这里面的逻辑。

"如果你在赔钱，而你本来就没有钱，为什么不把牦牛卖了？"我问道。

事实上，我请才让本非常委婉地向她提问。我完全没有指责她的意思，我只是想不通这么做的原因。不过，我知道自己过着多么不同的生活。

"我是个牧民啊。"她回答说，"要是没有牦牛，我就不是牧民了。"

噢，这跟身份认同有关，我想。

可我后来跟别的村民聊起这事时，他们并不这么想。

"她想不清楚事儿。"他们解释说，"她做不了好的决定。她根本不明白钱是什么。总会有跟拉毛一样的人。她是个好人，可她必须依靠别人。我们都关心她，所以我们都照顾她。"

2011年我满脑子想的都是太阳能电池板，因为我刚刚目睹它们能给学校帐篷带来怎样的变革。于是，我问拉毛一家，如果有了太阳能带来的电，他们的生活会有什么改变。

"要是我们有了太阳能，孩子晚上就能看书了。"拉毛说，"天黑以后我们也能看见了。生活会好不少。可我们哪有这样的钱，我们刚借了钱买蜡烛。"

对蜡烛和其他基本用品的需求同样让她的邻居求南和吉措负债累累。他们也有精神上的残障，也得靠村民们帮忙。

这对夫妇不会数数。2011年他们告诉我，得靠别人告诉他们，才知道家里的经济状况。不过他们知道，自己在蜡烛一项上就欠下了"好几百"。可到底欠了多少钱？他们并不清楚。

155

太阳升起 "美国小哥"见证中国扶贫奇迹

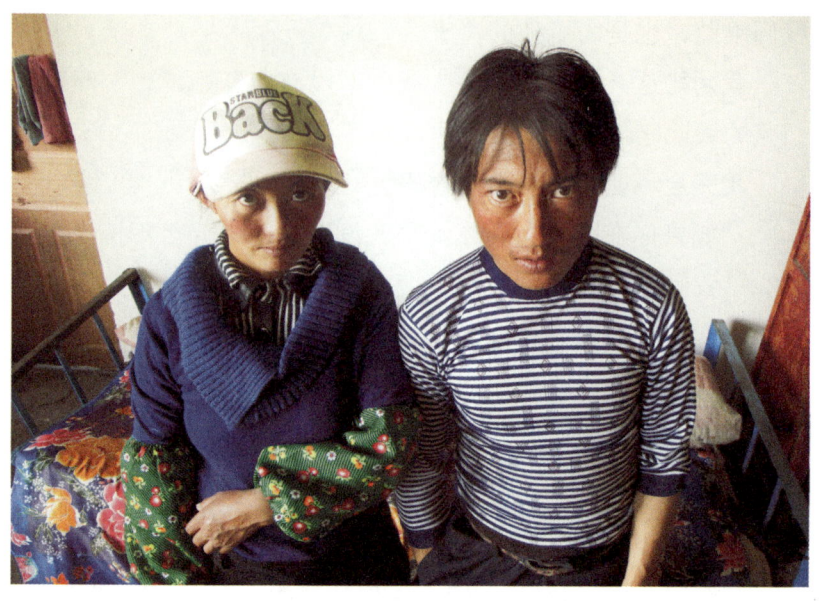

2011年，身体和智力上的残障限制了30岁的求南和他29岁的妻子吉措的生计。这对夫妇很庆幸他们7岁的儿子没有残疾。

　　透过窗户，光线照入幽暗的室内，给求南喷出的缕缕烟雾绘上一道道阴影。
　　这对夫妇很庆幸他们7岁的儿子索江卡卓没有任何残疾。
　　30岁的求南出生时右手和左脚就有残疾，他29岁的妻子吉措是家中唯一能干活的人。
　　每年靠帮较富裕的人家放牧，并且收集牛粪，吉措可以挣到4000块钱。"但我每年只能干四个月的活。"她说，"放牧季节一过就没有活可干了。"
　　他们有三头牦牛。"牦牛给我们提供奶和黄油，但是没有收入。"求南说。
　　他们觉得，如果有一块价值800元的太阳能电池板，他们就能解决借钱买蜡烛的问题。

"时间一久，太阳能电池板就划算了。"求南说，"但是我们从没有一次攒下这么多钱过。"

吉措说，为了治她的肝病，家里每年要花3000元。

"我们买不起衣服，我们穿的都是别人给的。但这也不够，冬天只好冻着。"

求南和吉措跟我说，不清楚第二年他们能不能得到救济粮或住房补贴。他们认为，要过上好生活只能靠他们的儿子。

"儿子能读书受教育，我们太高兴了。"求南说，"要是有人能帮我们一把，我们也希望他能上大学。那时候，也许我们会过得更好。"

我回答说："那还要过好久呢。你们现在打算怎么办呢？"

吉措说："就跟现在一样，尽力而为吧。我们等着。"

这两家人住在叶格乡的红旗村。村支书坎加2011年告诉我，这里的131座土坯房和帐篷里住着大约480位牧民，他们每年的人均收入只有1500元。

"最穷的那些人觉得只要有吃有喝就行了。"他解释说，"很多人干一天活，拿到了钱就去买方便面吃。第二天，他们一睁眼又要想别的法子填饱肚子。政府也努力帮他们，但穷困的家庭那么多，钱又那么少，只好今年帮这一家，明年再帮另一家。"

此后几年里，这种状况随着习近平主席提出的精准扶贫战略的实施得到了改变。

当地官员评估每一户人家的情况，为每家人量身定制解决方案，包括拉毛一家。来自低收入家庭的孩子们得到政府颁发的贫困证明。帮扶干部来帮助这些贫困家庭解决具体困难，包括因为残障导致的困难。

遥远但并非遥不可及

江多杰在有了义肢之前，甚至不知道世界上有这种东西存在。

这个8岁男孩的游牧家庭买不起传统的义肢，因为其平均费用约为15万元人民币，而且孩子们成长很快，义肢却不能变大。

江多杰一家每年靠把牧场出租给牧民，能挣大约2000元人民币。

但是一只3D打印的手，就像江多杰从中国社会机构"牵手"（Hands On）免费获得的这只，2019年时生产成本为1000元左右，尽管它们的功能相对有限。

第一次试用这只假手时，他感到很震撼。"这就像一只新手。"他说，"虽然不能用它来做家庭作业，但是我可以用它拿很多东西，比如杯子什么的。我更自信，更快乐了。"

牵手组织正与志愿者合作，在北京、上海和广州等城市提供3D义肢打印培训，特别是针对少年儿童的3D义肢打印。它使用开源设计，任何人都可以创造和开发更好的义肢。

到2019年底，这个机构已为55名少年儿童捐赠了近100只义肢，并培训了250名志愿者，其中10名掌握了设计技术。牵手组织的工作赢得了联合国开发计划署的认可。

江多杰就读的曲麻莱县的学校跟我联系，看看是否可以帮助他。他们是指经济上的帮助，他们从未考虑过义肢。我在那之前也没有想到过义肢。不过他们提出要求的前后我正好听说

第二部分　　走近天堂

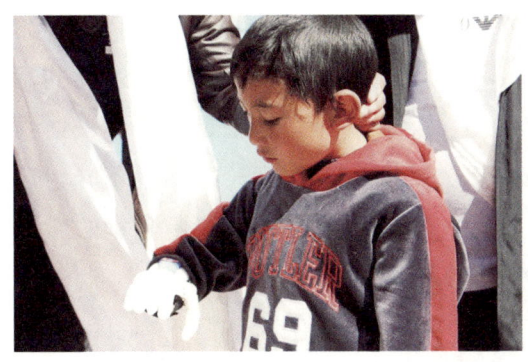

江多杰在有了义肢之前，不知道有这种东西存在。2019年，我和朋友们联系了为儿童提供免费或低价的3D打印义肢的中国社会机构"牵手"（Hands On），给这个8岁男孩提供了一只3D打印的手。

了牵手这个机构。

　　学校还询问我们是否可以帮助另一个男孩，他需要一辆轮椅，在野外能更好地帮助他行进的轮椅。雨水经常把地面泡成一锅粥，普通轮椅在许多地方无法使用，就算是干燥的地面也坑洼不平。

　　我们给11岁的久美才仁在淘宝上订购了新轮椅。他说："我可以去以前去不了的地方了。"

　　久美才仁5岁时因为一次不成功的手术瘫痪。他的父亲不久就抛弃了一家六口。

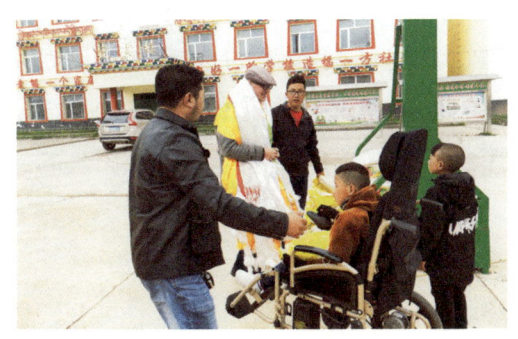

我们的志愿者小组给11岁的久美才仁提供了一辆新轮椅，可以在坎坷不平、时常泥泞的高原上使用。

159

中国要完成到2020年消除绝对贫困的使命，还要克服残疾特别是农村地区的残疾这样的最后障碍。这在未来也仍将是解决相对贫困的挑战。

"我妈妈打零工的收入根本买不起这样的轮椅。她总是后悔没法给我弄一辆轮椅。我不光为自己高兴，能看到她的微笑我就更高兴。"他说，"生活是很不容易，但是我要保持积极乐观，努力学习。"

他的老师说，久美才仁的成绩是全班最好的，他还是班长。

的确，这些少年的处境突显了农村地区，特别是在极端环境中的残障人士所面临的其他挑战。

随着中国力争到2020年消除绝对贫困的最终期限不断临近，帮助残疾人克服经济困难和其他生活挑战，已经成为最后的攻坚战。

社会各界的支持可以改变所有残疾人的生活，尤其是生活在高原等充满挑战的环境中的残疾人。

我们共同取得的成就可能远超我们的想象，就像江多杰、他的家人、学校、志愿者们一样，我也从未想过这个少年用上义肢的可能性——直到我们真的实现了它。

第二部分　走近天堂

分享不可能的微笑

　　由于青梅卓玛的长相,其他孩子把她叫作"魔鬼"。于是青梅卓玛努力成为一个没人会注意到的"幽灵"。

　　这位14岁的女孩一直饱受同龄人的嘲笑,大多数时候他们只是无视她。这一切在2015年夏天终于改变,她做了唇腭裂正畸手术。

　　在隐形和被欺负之间,青梅卓玛选择了前者。她退出了大家的视野。

　　下课时,她几乎总是一个人待着。偶尔她会跟两个女生在一起,全校1400多名学生中,只有她们俩有时愿意跟她玩。但大多数日子里,她仅有的朋友更愿意跟其他孩子玩,留下她一个人。她并不怪她们,她们并不在意其他孩子怎样孤立她。

　　就这样,其他女生玩跳绳时,青梅卓玛坐在自己座位上。大家欢笑着玩押韵游戏时,她默不作声。有时她目光空洞地望向同学们,看他们咯咯欢笑着,幻想着哪一天她也能跟同学们一起欢笑,或者,跟他们一样。

　　他们并没有回看她一眼——哪怕是注意到她。只要她戴着口罩(戴口罩在亚洲很常见,早在新冠肺炎疫情前就是如此),大家就对她眼不见心不烦,即使她就在每个人都能看到的地方。想想另外的选择,她也宁肯这样。

　　她的社交生活,或者更准确地说,没有社交的生活,基本上可以用"异类"来概括。除非万不得已,青梅卓玛不敢在课上发言——或者有其他孩子们在场的时候。

牧民们经常引用一句老话："只要会说话，你就会唱歌；只要会走路，你就会跳舞。"

青梅卓玛后来告诉我，其实她也"悄悄地"喜欢唱歌跳舞。她想和别人一起又唱又跳。但她只能在家里独自表演，或者为妈妈东措表演。

不论怎样，她的妈妈疼爱着她。同学们只是暂时不认识她而已。

在家里她不必遮住脸。但只要一出门，她就会戴上口罩。

最让青梅卓玛焦虑的是在学校食堂里吃饭，因为这时她不得不摘下口罩，才能进食。这不光是因为她的嘴唇、牙齿和牙床会露在外面，因而把她暴露无遗，更重要的是暴露的方式。

由于上颚结构的缺陷，她吃饭时食物很容易掉落，而牙齿的排列也导致她咀嚼时下颌大幅移动，极为吃力。再加上面颊部分瘫痪，控制嘴的动作就更困难。

口罩也遮住了她的鼻子。医生的诊断说，她的鼻子弯曲，鼻腔闭合不严，容易产生食物特别是液体反流。换句话说，大量的鼻涕不断流出。

这让她不得不常年张嘴呼吸，而嘴里有食物时，呼吸声就成了尖锐的啸叫。

最终，她无法放心地做任何跟进食有关的事情。"吃饭时，别人可能看见我平时能藏起来的东西。"她后来告诉我，"戴着口罩，他们根本看不见我——我就是个'幽灵'。没有口罩，他们就会注意到我，然后他们就叫我'魔鬼'。"

可是，她总还得吃东西，不论这会让她多么脆弱。每天三顿饭，青梅卓玛都缩在餐厅一角，独自面壁。她蜷起身体挡住盘子，脸趴到桌面跟前，食指弯着，每吃一口之前都偷偷摸摸地钩开口罩。

青梅卓玛手术前,我跟才让本和我们的朋友程维一起陪她吃午饭。"提醒一句,"才让本告诉我们俩,"她吃东西时最好别看她,免得她难为情。"

才让本说的是英语,这样青梅卓玛就听不懂。我尊重这个请求。可是我的本能是跟她打招呼、跟她聊天——要压抑这个本能很难。

她明明就在这里,我却得强迫自己假装没看见她。可是越不看她,我就越强烈地感到她的存在。这跟那句老话"眼不见心不烦"完全相反。

青梅卓玛就坐在我身边,近到她一动我就听到她衣服的窸窣声,她的筷子碰到了盘子,她在咀嚼东西——我格外清楚地听到这些声音,恰恰因为我必须暂时无视她的存在。

尊重她希望被人无视的愿望在我骨子里觉得是对她的不尊重,尽管我的大脑告诉我不是这样。

这一切都违反了我的直觉,特别是我们就在她面前讨论关于她的事情,为她的手术、住宿和三餐制订计划。我们必须赶快确定这些后勤事宜,因为吃完饭我们就得行动起来。

我总是几乎要转向她征求她的意见,然后及时在最后一瞬间制止自己。

从眼角的余光里,我看到她正在悄悄扫视餐馆,好像在观察是否有人在看她。

我也偷偷观察众人,似乎没人朝我们这桌瞟上一眼。

午饭后,我们去医院作初步评估。

坐在去医院的出租车上,我忽然想到,青梅卓玛只有做完手术才能不再戴口罩,这是多么讽刺的一件事。

我后来与她聊天时进一步意识到,对她来说,戴了这么多年的口罩早已超过了物质层面。

高原上的牧民社区还没有精神病医生和康复专家。

中国2020年实现彻底消除绝对贫困的使命后，在未来的岁月里着手解决相对贫困问题时，应当将全国偏远地区都能获得这类服务作为一个工作目标。

精神健康时常会对一个人的学习、工作和各方面的表现产生巨大的影响。否则不仅会制约收入，也会限制一个人日常生活的方方面面。

青梅卓玛的老师告诉我，她说的话总是很简短，这虽然有口腔结构的原因，但更主要的还是羞耻心理所致。

无论我跟她说什么，她总是尽可能用最少的词回答，而且经常是朝自己的腿上小声说。她说的几个字轻轻出了口，渗出了口罩，然后飘落在她腿上。我时常搞不清她是在跟我喃喃地说汉语，还是给才让本说藏语，让他翻译。

不管怎样，才让本都得把她说的话译成英语转告我。他就坐在青梅卓玛另一边，耳朵几乎碰到了她的口罩。

我无法确定她说的句子模棱两可是因为她口齿不清，还是她心理紧张。但她的姿态和表情显示这与心理的关系更大。

在跟她朝夕相处的藏族牧民孩子们周围，青梅卓玛就已经超级害羞。这些孩子虽然没有唇腭裂，但其他方面与她没有什么不同。

她从来没有见过老外，更别提跟老外说话。她见过的人当中没有谁长得像我这样，或者说话方式像我这样。连类似的都没有。

所以，我对她而言不仅仅是个陌生人，更是个奇怪的人。

从某种程度上说，我无异于一个外星人——不单是来自另一个国度，更像是来自另一个星球。

更何况，过去两天里，一列慢速火车刚刚将她从这个国家西部古老闭塞的草原送到了一个完全不同的世界——人烟繁盛的现代化首都。

我第一次见到青梅卓玛和她母亲东措是在北京火车站，几分钟前她们平生第一次搭乘了扶梯。这位少女惊诧地看到，"你的脚不用动，楼梯自己就会走"。她从未想过会有这样的事。

青梅卓玛只是在电视上见过高楼、地铁、人群和堵车。突然之间，这些东西——以及其他她不知道也想不到的事情——到处都是，就在她眼前，真实存在。

她刚到北京时感受到的文化冲击无疑远远大过当年我来到北京时的感受。她不光是来到了一个不同的地方，更是一脚踏入了另一个时代。

青梅卓玛即将在更大意义上永久踏入一个崭新的世界——很快，她醒来时就会发现自己的面容已焕然一新。这张脸与她从小就熟悉的完全不同，而且从此将与她终生相伴。不论她走到哪儿，这个全新的世界将一直陪伴着她。

人们会突然注意到她，就好像她从稀薄的空气中瞬间显形，一下占据了三个维度。别人，特别是那些几乎天天跟她一起上学，却对她从来视而不见的同学们，将头一次真正看到她这个人。她不再是一个人们眼中的"魔鬼"，或是无声无息的"幽灵"。

她就是青梅卓玛，一个女孩、学生、牧民、歌者、舞者——她已经是这样的人，虽然别的孩子暂时不这样看她。而且，她还将成为更多她暂时还不是的人。

她对自己在这个世界里的存在认知，或者说对将来自己的存在认知，将于一夜之间发生巨大变化。但在我看来，虽然她实现了最大的心愿，这却会带来无与伦比的震撼与不适。

一旦麻醉的迷雾消散，绷带一层层揭开，她在镜子里见到

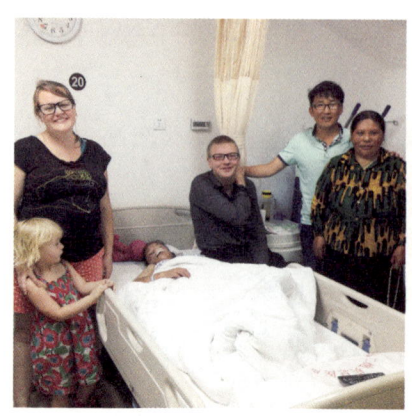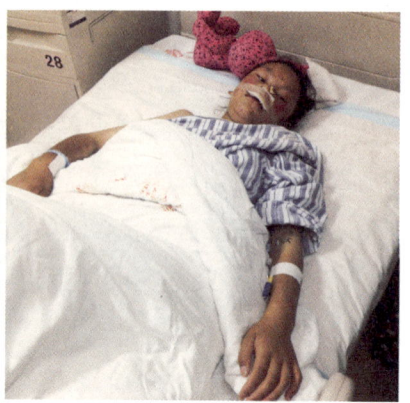

2015年，青梅卓玛做了唇腭裂正畸手术。我和妻子、女儿，以及才让本陪着青梅卓玛和她的母亲东措。

视频二维码

的将是同一个人……同时也是个陌生人——而且这会是突如其来的。从某些方面来说，这种感觉是外貌上的，但在其他方面来说，这又何止于外貌。

她将会成为一个熟悉的陌生人，无论对她自己还是对别人。至少，我是这么理解的。

只有青梅卓玛才能告诉我她的真实想法。后来，她也确实这样做了。

可在当时，哪怕说一个字对她来说都难上加难，即使她不是在跟一个"外星人"说话。

手术前，我无法探寻她的眼睛，就像我看然西玛的眼睛那样。

青梅卓玛总是避开我的目光，低头盯着自己胸前。好吧。

不过，她能跟老师们讲话。一对一，面对面。只有在老师跟前，她才能打破自愿的沉默。于是，我对她的了解多半来自才让本的转述。

"老师们对我比同学们对我好多了。"她后来跟我说。

才让本不仅是她的老师，更重要的是，他也是青梅卓玛少有的几个好朋友之一。这个少女时常把自己内心深处的真实想法告诉才让本。

一年前，才让本给我打电话，问我们能否支付手术费用。估计手术需要3万元。如果我们都想不出办法，这件事就不可能实现。

解放军第二炮兵总医院的田孝臣主任为青梅卓玛做了正畸手术。他告诉我们，这个手术本应在她半岁时就做，而不是等到14岁。如果6个月时就做，手术不仅难度小，效果也会更好，不论外观还是说话和进食都是如此。他在报告中写道，由于手术未能及时进行，"加剧"了青梅卓玛的情况。

她的父母结婚13年后，青梅卓玛降生了。但是她的父亲只看了女儿的脸一眼，就走出家门，再也没有回来。他也带走了他的收入——青梅卓玛做手术的唯一希望。

青梅卓玛的母亲东措靠着给别人放牦牛，每年只能挣1500元左右。她只能屈从于现实，自己这辈子都别想攒够手术费用，这是她年收入的20倍。

我们花了将近一年为手术筹钱，然后告诉才让本，只要他准备好，马上就可以陪着青梅卓玛和她妈妈坐火车来北京。

所以，田孝臣主任刚见到青梅卓玛就同意不收取任何手术费用时，我惊呆了，我不知道该说什么，一时间都忘了呼吸。

我很肯定这一定是因为程维跟田主任讲了青梅卓玛的故事。程维做了大量研究才终于选定了这家医院。我和Carol经常说，程维有一种特殊的"魔力"。

他总是焕发出一种魅力和真诚，他的乐观有时接近于天真。话虽如此，他可绝不是个傻瓜。

这样的特质时常唤起那些他接触的人心底的善意。人们会积极回应他那超级乐观的力场，热忱地发起慈善行动。这也是为什么我们把程维戏称为"幸运符"。

每次只要遇到他，程维总会由衷地宣布好几次："我相信好事总会来的。"每当他这么说，我总忍不住笑出声，他这个特殊的习惯实在是招人喜欢。而且，他往往是对的。那天在医院就是这样。

第二周的周四，青梅卓玛做了手术。

"我一辈子都没这么紧张过。"才让本跟我说，"是我把她带到北京，要是出了什么事，我可得负责。"

女儿进了手术室，东措小睡了一觉。才让本问她这时怎么还这么冷静，居然还能睡得着。东措似乎对这个问题很吃惊。"这是大城市里先进的医院啊，"她说，"能出什么事？"

我清楚地记得青梅卓玛第一次绽开的笑容，那时她刚刚恢复得差不多。看起来她还在练习怎么笑。

笑意更显现在她眼睛里，而不是嘴唇上。这笑容好美。

让我没想到的是她妈妈东措的笑容。这笑容是任谁也压抑不住的。笑容在她满脸绽放。多么美好。

然后，我才意识到，自己也在笑。Carol也是，还有才让本，程维，还有我们的女儿Lily。

他们的笑容都那么美好。我自己的笑容也是一样。

青梅卓玛以前看似不可能的笑容不仅成了可能，它还如此具有感染力。

第二部分　走近天堂

摘下口罩直面世人

脸上的绷带是青梅卓玛挡住世人目光的最后一层保护。拆除绷带后，她就可以出院，开始新的生活。

但随后几周，她还需要定期回医院复查，特别是观察有没有感染迹象。每次复查后，她和妈妈东措就有时间探索一下北京。才让本是她们的主要导游，白天陪着她们在首都参观，当她们的翻译。我和妻子Carol大部分日子都得上班，只有晚上才能加入他们。

有一天，我和才让本陪着母女俩去了天安门。她们告诉我，这是她们最想去的地方，不光是全北京，也是全中国。

"我们听说了这么多关于天安门的事，"青梅卓玛说，"可我想不出那里究竟是什么样子。"

在天安门城楼毛主席画像脚下，东措特别兴奋地跟我们合影。

可以说，青梅卓玛终于可以跟其他孩子一样了。但在别的方面，她会成为他们中很特别的一员。她的家乡还没有其他牧民的孩子到过传说中的首都，见识过在草原上作为神话传唱的一切。

所以，青梅卓玛将不光能自信地跟同学们交谈，她还将描述自己在那些遥远的地方经历的大冒险。听得眼睛都不眨的同学们对此可能难以想象，于是她还能拿出照片来展示这一切。

其他孩子不光会注意到她，他们将睁圆了眼睛、无限崇拜地看着她。他们也不光是听到她，他们将竖起耳朵，生怕漏掉

169

2015年，青梅卓玛和母亲东措为了给她做手术来到北京，她们实现了亲眼看到天安门的梦想。这也是她们第一次离开青海偏远的大草原。

了她说的任何一个字。

我们也陪着青梅卓玛和东措去了故宫，世界上最大的宫殿群，中国明清两代皇室的住地。

他们还去了雍和宫朝圣，这是全世界最大最神圣的藏传佛教庙宇之一。青梅卓玛、东措和才让本在18米高的弥勒大佛前祝祷，这是用一整根白檀木雕刻而成的佛像。他们也敬拜了这里众多的其他神像。

他们感谢神明的恩赐将他们送到北京，将青梅卓玛带入崭新的世界。他们上了香，青烟将祈祷袅袅带上苍穹。

另一天，他们来到颐和园漫步，这是清末皇室的夏宫。离开北京前，他们还在奥林匹克公园参观了水立方（国家游泳中心）和鸟巢（国家体育场）等2008年奥运会的标志性建筑。

青梅卓玛非常喜欢北京的各处名胜。但她告诉我，她很想念一望无垠的草原。

"我想念绿色。"她说，"北京有很多树，但这是不一样的。"

她也想念高原上的食物。煮牦牛肋骨、糌粑、藏饼，这些在北京都很难找到。非要找也可以，但是得花好几个小时穿过这座巨大的城市。就算是找到了，也会跟曲麻莱人自家做的食物至少略有不同。

一天晚上，我请青梅卓玛和东措去吃北京烤鸭——或者说，我出于好心却办错了事。

这道名菜早已成为来北京的游客必吃的美食——而且我可以说，理由非常充分。对于来自世界各地的人来说，烤鸭已经成了中华美食的一个象征。这道菜曾经只有紫禁城里的皇室成员才能享用，它一开始就是为了皇家风范而设计的。

另外，我猜青梅卓玛和东措多半从没吃过禽类，更不用说鸭子。我的确猜对了。

结果，这并不仅仅是因为环境和法律的限制，更主要是因为宗教信仰。

"她们不能吃这个。"我点了菜，才让本用英语告诉我，"藏传佛教禁止食用任何有爪子的动物，在水里游的、在天上飞的也不行。"

在高原上旅行时我还从来没听说过这种事，而我也没机会听说。我在曲麻莱见过的肉类只有牛羊肉。

不久，一位侍者来到我们桌边，表演拉面制作。他把一团面又拉又抻，像套马索一样在空中上下翻飞，最后才把细细的面丝放进桌上鼎沸的锅里。

接下来，我们欣赏了一出川剧变脸。身着五彩戏装的演员在我们桌边一抖手，脸上的面具就变了个样儿。观众们还来不及看明就里，他浑身一颤，脸又变了，跟魔法一样。最熟练的演员能在20秒内变10次脸。

其实这只是个假象。演员并没有瞬间更换面具，他们上台时就已经戴好很多层薄薄的面具，每次只是快速揭下一层，藏在多褶的袍子里，直到最后才露出本来面目。

我想了一下是否应该告诉青梅卓玛真相，她会不会觉得这很好玩。可我最终决定，还是不要破坏这一刻的神秘气氛。

　　她看得很着迷。她在微笑。

　　我看着这位入神地观赏川剧变脸的女孩，想到过去几天里，她一层一层摘下的面具。

　　青梅卓玛的北京之旅改变了她面对这个世界的方式，这已经超越了这些文化体验本身。

　　这趟旅行给她带来了一个新的人生目标。她告诉我，她想当一个医生。我问她为什么。

　　"我想帮助别人，就像别人帮助了我一样。"她解释说。

　　后来我看到她写给田主任的感谢信。我注意到，她写的汉字比我的还要短粗不匀。但只要你仔细看，还是能辨认出来。

　　尊敬的田主任：

　　您好！我是青梅卓玛。

　　我来自青海省曲麻莱县。

　　非常感谢您帮助我实现我的梦想。

　　我以前生病了。我的嘴跟其他学生的不一样。

　　但是我们家很穷，我们付不起钱来治我的嘴，这太贵了。可是您免费为我做了手术。

　　谢谢您的帮助。我相信我现在可以过上完整的生活了。我想我的未来会很美好。手术后我和妈妈都很高兴。

　　我不知道怎样才能报答您。我会听老师们的话，我会努力学习。无论做什么，我都会尽我最大的努力。

　　谢谢！

青梅卓玛
2015年7月15日

第二年夏天，我们用给青梅卓玛做手术省下的那笔钱为一个叫多杰的男孩做了耳科手术。由于听力的障碍，这个牧民的孩子上课时什么也听不见。

老师们告诉我，多杰的成绩很快就提高了。政府给多杰一家提供了一所现代化的住房，他们搬出了曲麻莱的土坯房，住进了离青海省省会更近也更发达的县城。他在新学校里茁壮成长。

这样算来，那位无偿为青梅卓玛做手术的医生实际上不光是帮助了她，一年后他也间接帮助了另一位有残疾的孩子。

而青梅卓玛和妈妈在北京时，帮助她们的不光是医护人员。我们的朋友和陌生人都展现出莫大的同情心，盛情款待了她们。

程维在我们家附近找到一个公寓，青梅卓玛出院后，母女俩就在这里暂住。才让本住在我们女儿Lily的房间，Lily就搬到我们房间里。

出租那套公寓的房东坚决不收我们的钱，这一次，他也是听程维讲了青梅卓玛的故事。而且他还给了东措1500元现金，并且亲自为她们准备了饭菜。用他的话说，他是"花钱""请"这对母女来住。才让本把这些翻译给东措听时，我看到东措扬起了眉毛，这笔钱相当于她一年的收入。

后来，我的干爹也给了东措同样数额的钱。按照中国的传统习俗，他把钱装在一个红色的封套里。他还几次请他们到高档餐厅用餐。这是他们在草原上想都没想过更不用说尝过的美味。他们似乎很享受，尽管也承认自己仍然想念家乡的日常食物。

医院里的其他患者很快就注意到青梅卓玛，打听到她的故事后，他们也为她捐赠了钱物。

他们动身回曲麻莱前几天，一位朋友的父亲（我跟这位朋友一起在汶川灾区当过志愿者）从儿子那儿听说了此事，于是请他们参加一个宴会。

席间乐队现场奏乐，身着传统服装的演员翩翩起舞。即使对发达国家的中产阶级人士来说，这样豪华的宴会也只能在梦中享受，对于欠发达的中国西部地区的牧民来说，恐怕连想都不敢想。

东措穿着她厚厚的藏袍出席，这是她唯一的外衣。可她从未到过不冷的地方，北京炎热的夏天更让她十分惊讶。到北京后不久她就买了把扇子，只要醒着，每时每刻都在脸前扇着。

她不知道怎样用刀叉吃牛排，想用手直接把肉拿起来。

"瞧我怎么做。"才让本跟她说，一边示范起来。

席间，我们的朋友提出为他们买回程机票，这样他们就不必坐慢车回青海，特别是青梅卓玛总是晕车。我一时想不出该说什么才好。

飞机起飞后青梅卓玛打开了话匣子，才让本后来告诉我。

"我从没想过我会飞！从来没有！"她兴奋地对才让本说，"我知道飞机会上天，可我不知道飞机真的会飞到云上面！云的上面！我不知道飞机能这样飞！但是飞机真的能！而且也真的飞上来了！我也飞上来了！我飞到云上面了！我觉得自己就像天女一样！我离天堂这么近！"

我知道青梅卓玛这趟北京之旅一定会有很多感触，可我从未想过她会觉得自己像天女一样，离天堂很近。

两年后，当我再次来到世界屋脊，在曲麻莱访问青梅卓玛一家时，我也感到自己"离天堂近了"。

她的羞怯在北京时就已开始融化，这时已经蒸发殆尽，没有留下任何一滴矜持。

她友好热情地跟我打招呼，然后跟我一起坐在藏床上，滔滔不绝地讲述我们分别后发生的所有事情。

她口齿清晰，极有自信，事实上，她充满了热情。透过她的话语，我可以在她眼睛里看到这些故事。她不再垂下双目，而是迎接我的目光。

这位少女跟我讲了她的新学校、新同学，还有新的歌舞团。她加入的歌舞团时常在社区中心和学校演出。观众中有牧民、老师和官员。

"再没有人叫我'魔鬼'了，没有！"她说，"我有好多好多朋友——我从没想过会这样！从来没有！"

青梅卓玛的学习成绩已经大幅提高，才让本告诉我。他没有费时间把我的问题翻译给青梅卓玛，再把她的回答转告我。

"她的成绩不算突出，但是不错。"他说，"以前成绩很差，现在已经达到平均水平。但她学习非常努力。"

我这次拜访时青梅卓玛已经17岁，刚刚上中学。她当初上学就比同龄人晚了几年。

"她们家原来住在一座很偏远的山里，很久都没收到政府关于义务教育的通知。"才让本解释说。这种情况在曲麻莱很常见。

等到高中毕业，她就已经20多岁了。才让本相信，她的成绩应该能达到上大学的要求。问题是要完成四年制的大学学习，学费大概得2.4万元，这是东措年收入的16倍。这就跟当年的手术费一样让她们可望而不可即。

我们希望能完全资助她拿到本科学位，就像我们已经帮助了其他几位牧民子女一样，如果她希望上大学的话。

那一刻，在她的家里，青梅卓玛微笑着，她显然已经得到

太阳升起 "美国小哥"见证中国扶贫奇迹

青梅卓玛做完手术几年后,我来到曲麻莱拜访青梅卓玛和她的母亲东措。

了充分的练习。再一次,她的笑容感染了她的妈妈,然后传到才让本脸上,然后是我。

我跳上才让本的车准备离开,青梅卓玛探进车窗,笑着跟我碰了碰额头。

六年前,当然西玛跟我碰额头时,我对这一藏族习俗的重要含义还懵懵懂懂。这是专门为婚丧嫁娶一类人生头等大事保留的仪式。

现在,我不仅了解了它的含义,更感受到它的力量。一种难以言表的力量——温暖、光明、火花四射——在青梅卓玛和我之间传递。仿佛她直接将光明送到了我的大脑,我的内心。

才让本和我向青梅卓玛和东措挥手道别。我们都笑了,再一次,大家都笑了。

这位曾被叫作"魔鬼"而不得不过着幽灵般隐身日子的女孩已经知道做一个天女是什么样的感受。在海拔4000米的高原上,在深邃的苍穹下,在这个女孩身边,我真实地感到自己离天堂更近了一步。

就这样,我带着青梅卓玛给我的礼物——她的笑容,与才让本一路驶向高原的黑夜,驶向灵魂深处的光明。

和牧人一起露营

牦牛也会尥蹶子。我在试图骑上牦牛背之前对此一无所知。那是2013年,我在曲麻莱偏远的雪山脚下跟一家牧民露营。

刚骑上牦牛,我就发现了这个事实。不论你怎么看,这个发现都超级震撼。我赶紧把两手深深插入这家伙的长毛中,死命攥紧了拳头,绝不撒手。

骑在这样一头上蹿下跳的牲口背上,生命显得多么可贵。这家伙浑身抽搐,仿佛拼了命要摆脱附体的魔鬼——也就是我。

最终,它还是跟我这个乘客和解了。它放松了身体,把注意力又转回青草。

我的主人一家这才来得及告诉我,刚才骑上牦牛的姿势错了。

几分钟前,54岁的

2013年我跟叶格乡的一户牧民一起露营时骑牦牛。

一家之主俄周刚骑着另一头牦牛,在一阵雷鸣般的牛蹄声中,风驰电掣冲上山坡。他的坐骑踢起的尘土缓缓升起,飘向营地后方自古以来就披着冰雪铠甲的山峰。每天俄周就这样往来于帐篷和牧场之间。

越来越多的当地人已经买了摩托车和汽车。但还是有很多牧民像俄周这样,骑着马或牦牛翻山越岭,前往经常无路可通的营地。在那些轮子去不了的地方,只有蹄子才能畅行无阻。

我们乘坐的卡车离开公路颠簸前进,不时水花四溅冲过溪流,终于停在一座悬崖脚下,俄周的夏季营地就在崖顶。

藏羚羊跳着芭蕾;半山腰小小的猫头鹰从窝里探出脑袋,大眼睛溜圆;高原鼠兔此起彼伏,弄得整个草原仿佛都在蠕动。

夏季的草原看起来就像彩虹的花粉洒落四野。我们停下脚步拍照,刚坐下来,花朵就爆成一片烟花。闪闪发光的橙、黄、粉、紫、蓝,在荧光绿的草坡上缤纷绽放。

不久SUV就再也无法前进,我们下了车往前跋涉。这段路虽短却极为陡峭。

营地就在一块巨大的岩石顶端,这岩石如同凝固的滔天巨浪:一边坡较缓,人可以爬上去,但车开不上去;另一边侧凹进去,崖顶半悬。

才让本安排了我们的这次露营,部分原因是他很赞赏这家人对他们13岁的儿子成林西然学业的支持。

我刚到不久,主人一家就帮我换上了一身藏装。藏族朋友们格外喜欢给我穿藏装,我都同情起那些终日站在商店橱窗里的模特们了。

这个过程让我更好地想象出好莱坞的更衣间是如何运作的——如果是藏族人接管的话。一整队人马围绕着我,不时把我的胳膊往这边拉一拉,再把我的腿往那边挪一挪,一会儿裹上这件东西，一会又脱下那件东西，然后再试试另一件东西。最后，瞧吧！

牧民们对他们的民族服装服饰无比自豪，他们非常喜欢跟外来者分享这一切，尤其是老外。比起给老外展示他们的服装，给老外裹上这些衣服当然更好啦。

我完全不介意。这事又好玩，又有实际意义。牧民们的衣服是专为高原上的生活设计的。

于是我穿上了一件里衬羊毛的布袍，在刚刚高于胯的位置系了条腰带。这条腰带不仅防止袍子敞开，也造就了一个"口袋"。牧民们习惯于把糌粑、香烟、手机等物品从袍子的领口处丢进去，这些东西就落在了腰带绑住的上方，紧贴着肚皮。

于是，俄周的那头桀骜不驯的牦牛上下翻腾时，我的那堆小零碎儿就贴着我的腹肌晃动起来，跟布袋里的豆子一样。

我的右臂露在袍袖外面，这是本地的风俗。藏族人通常右臂不套上宽大的外衣袖，这既是为了实用，也是出于宗教原因。

这条胳膊由此不用负担重达几公斤的袍子，这才能轻松地完成打弹弓、给牦牛系紧或松开绳子，或者握住马缰绳。

而宗教原因则与佛祖的母亲摩耶夫人有关，她梦见一头白象进入她的右肋，随后发现自己有了身孕，也就是日后的释迦牟尼。

袍子里面，几条金线绣的龙在才让本买给我的酒红色丝绸衬衫周遭飞翔。

我头戴一顶宽檐帽，跟美国牛仔们戴的很像，牧民们也喜欢这种帽子，因为它能挡住草原上的日晒雨淋。

事实上，藏族牧民看起来就像美国牛仔的"表亲"。我称他们为"牦牛仔"。想到这个词的那个晚上，我跟才让本和其他老师在曲麻莱镇上的一个台球厅里，我在叶格碰到的另一位

太阳升起 "美国小哥"见证中国扶贫奇迹

日落前成林西然在帐篷外绑好家里的牦牛。

老师和朋友才让加也在场。

　　头带宽沿高帽的牧民们吞云吐雾，不时灌一口啤酒，以可怕的准头击中目标。不少人脚蹬高筒靴，脖子上系着条手巾，为的是挡住牲口群扬起的漫天尘土。

　　这活脱脱就是19世纪美国科罗拉多州闻名遐迩的"银元沙龙"，只不过一众角色都从西部牛仔换成了藏族人，而且他们赶的不是安格斯肉牛，而是高原上的牦牛。

　　从这家台球厅开车到俄周的营地大约两小时。

　　我坐在老实下来的牦牛背上，看着眼前的景色陷入沉思。褶皱的地表披着绒绒的绿草，洒满了野花，点缀着牛羊。夕阳西下，给河流涂上了虹彩，一道道水的飘带在起伏的大地上荡漾。水面闪耀着金、银和钴蓝，仿佛这些金属融化在河里，经过提纯，又洒向四野。

　　不那么让人陶醉的是一座牦牛粪堆起的金字塔，主人一家拾来牛粪用于取暖和做饭，塔顶戴着一副羊的头骨。那头藏獒更是拼了命拽紧脖子上的锁链,不惜把自己勒死也要咆哮出对我的愤怒。

我很庆幸这头狂暴的畜生被牢牢拴住。藏獒体型巨大,以往玉树州每年都会有几个人被流浪藏獒咬死。

才让加特别害怕藏獒。在叶格,才让加去厕所时,别的老师会躲在外面学藏獒叫。他们跟我学说这个笑话时自己往往先笑倒了。可是才让加并不认为这个故事有什么可笑。

才让本曾经告诉我,他小时候一头藏獒总是吓唬他,于是他决定报复一下。他找来辣椒粉,多多益善抹在一块肉上。可是看到那头藏獒吞下肉以后痛苦地呜咽着,他马上为这只狗难过起来,对自己的行为追悔莫及。

"那天我学到宝贵的一课。"他告诉我,"给别人或者别的动物带来痛苦永远都是错的,不管他们做过什么。"

看着俄周营地的那头藏獒把锁链当成吊索,时不时在无法抑制的愤怒中几乎吊死自己,我真为它感到难过。这只藏獒无法知道我只是来作客,而不是想擅闯它的领地。

俄周在山顶的营地跟曲麻莱其他牧民的营地一样——最外围的藏獒们守卫着一圈散落的牦牛,而牦牛中心则是帐篷。这些狗就是一家人的安保系统,特别是当这家人在牧场上时。

你锁不住帐篷。而且并非所有小偷都是人类。

拴在成林西然家帐篷外的这头藏獒对我的到来十分愤怒,认为我是一个擅自闯入的不速之客。

曾经有头熊点着了一位牧民的帐篷。

我一点也不相信这个故事，认为这不过是都市传说的草原版——直到当地政府跟我证实，他们已经调查过此事，并且作出了赔偿，而且还给我发来了照片。

这个叫作达才仁的牧人把点着的炉子放在帐篷入口，想着熊要是碰到炉子，会觉得烫，然后吓得跑掉。结果这位大盗一下就撞翻了炉子。

住在这美得像明信片的草原上，俄周一家挣扎着谋生。在巍峨的雪山脚下，他们必须从草原上翻找一切能换来钱的东西，一年也不过能挣得5000元。

"我是个牧民，但是跟老师们谈了之后，我发现教育非常重要。"日暮时分，我们钻进俄周的帐篷时他跟我说，"我们告诉儿子：'我们每天都在高山上辛苦干活、放牧，不管下雨下雪。我们这么努力，就是为了你能上学。你知道咱们的日子有多苦，你得好好学。'"

俄周和妻子尽可能离叶格乡近一点扎营，这样儿子成林西然周末才能回趟家。

"世界上有两种人——动手的和动脑的。"俄周说，"上过学的人是动脑的人，他们过的日子更舒坦。我从来没上过学。可我希望儿子能上大学。要是他能当上老师教育下一代人，那他就是个好人。"

男孩笑起来，他很正式地开口说道："我想当医生、僧人，或者老师，去帮助别人。"然后突然灵机一动，他补充说："毕竟我已经在教我爸了。"俄周大笑起来。

这位父亲告诉我，他很高兴曲麻莱发生了"巨变"。

"我们听过很多像电脑和英语这样的东西，可从来没见过它们。现在，这些东西来找我们了。我儿子学电脑很快。他能下载照片，还能存照片。我很高兴。"

他顿了一下说："不过……我也不明白什么叫'下载'，什么叫'存照片'。"

俄周回忆说，成林西然在学校的一次表演上唱了英语字母歌，一户邻居主动提出，送他们家一头牦牛，以减轻他们的"经济负担"。这位父亲很感动，但是他拒绝了。因为他给弄糊涂了。

"什么经济负担？"他问那位好心的牧民。"原来啊，"俄周一拍大腿，向我和才让本解释道，"英语的'ABCD'听起来就像我们当地人说的'我爸腿坏了'。大家听成林西然唱英语字母歌，都以为他在用藏语请大伙行行好呢。"我们全都笑得前仰后合。

俄周一家专门准备了一道蔬菜，因为他们听说老外喜欢吃蔬菜。

帐篷外的挡雨布上撒着一些牦牛奶酪渣。我很惊讶地发现这种奶酪块硬得可以把牙硌碎。

同样考验牙齿的还有牦牛肋骨，这是主人很奢侈地专门为我准备的。可我嚼不动这种肉，甭管我多么努力。大半个晚上我都在认认真真对付这片骨头的"丛林"，可我就像啃叶子的毛毛虫一样缓慢。

相比之下，我们送给俄周一家的西瓜可就软和多了。西瓜第一次来到叶格乡那天我们买了一个。

"（大部分）当地人还从来没尝过西瓜呢。"俄周说道，稀哩呼噜地吃着平生第一块西瓜，"它来到我们这儿可真是引起了轰动。这可真甜啊！"

来自青海另一个地区的一对回族夫妇在镇上开了一家小店，是他们把西瓜引进叶格。西瓜卖得很快。第二天，镇上满

牧民们骑着马和牦牛，跨越崎岖的大地前往没有路的营地。

地西瓜皮。

这对夫妇来到小镇也显示出一种长期趋势，随着叶格的发展，越来越多外来者搬来，特别是小学周围一带。小镇的现代化是从学校的校园往外辐射的。

我们准备就寝时，俄周笑着说："既然我们就在这附近露营，我相信以后不愁吃不上西瓜。"

牧民日记

如果你试着给牦牛挤奶，它就会给你一蹄子。这是2017年8月我学到的一课。

我当时住在另一户牧民家里，学习怎样放牧。

我学到的另一课就是，我算不上一把挤奶的好手。接待我的牧民是46岁的江永措毛，只见她按摩着牦牛的乳房，冒着热气的小河就渐渐地注入奶桶。

轮到我了。"滴答——滴答——"几滴奶跟时钟指针一样不紧不慢滴进桶里。这还是我努力了好几分钟一无所获之后的成就。

然后，这头牦牛抬起后腿，蹄子直冲奶桶而去。我闪电般伸出胳膊，及时把奶桶救到一旁。江永措毛哈哈大笑。

我几乎打翻了好不容易才弄到的一口牦牛奶。在这群山之上的早晨，我的双手早已累到脱力，更被冻得快失去知觉。我可不想白白浪费自己的努力成果，更重要的是，不能浪费我的主人一家的牛奶，虽然这只是一小口奶。

挤奶时牧民把牦牛的前腿绑起来，这样它们就跑不脱，但它们的后腿还能蹬来踹去。

牦牛们被分成三排，一排是带着牛犊的母牛，一排是不带牛犊的母牛，还有一排全是牛犊。

头天晚上，我得把一头小牛拉到位置。它坚决不从，用力往后拽，还晃起了角。左摇右晃之下，我手中那个系着拴牛绳的小木棍飞了出去。我眼疾手快，另一只手一把就抓住了绳子。

我再次向主人一家诚挚地道歉。他们开心大笑之后，还是

46岁的江永措毛每天凌晨起身，在寒冷的高原上给牛群挤奶。

住在曲麻莱东风小学附近的一户牧民家里，我学着给牦牛挤奶。

帮我把这头小牛拴好。

很显然，我在游牧生活方面确实没什么天赋。

不过，我为这些我名义上在帮助的牧民创造了不可多得的笑料。

牲畜们都安置妥当了，我们钻进了帐篷。暮色中，天空变成紫色，一层深似一层。很快，黑暗的苍穹就点缀上数不尽的星星，仿佛篝火飞出的众多火星。

49岁的达才仁是一家之主。他向我道歉："如果不是家里最近有人去世，我们会为你杀一头羊。"我很感激他们不必为我作出这么大的牺牲，他们的盛情款待已经令我非常感动。

他提到家中不幸时，我马上想到来的路上，在附近一座悬崖下看到的那辆四轮朝天摔扁了的汽车。出于尊敬，我没有问他们。

原来，那辆车冲下悬崖时没有人遇难，不过也差点出大事。那天晚上聊到后来，达才仁解释说，他的一个儿子当时正在开车，就在车快要冲出路面之前及时跳了出去。

"人们看到那辆车都会祈祷，大家都以为司机肯定没命了。"达才仁笑着说，"我就想不到跳车，我儿子这方面就是聪明。"

这辆车失控冲下悬崖前，达才仁的一个儿子及时跳出逃生。

更让这位父亲自豪的是，儿子受过教育。"有子女上大学，我太荣幸了。"达才仁说，"我希望他们能上学，就不会像我们一样生活。我小时候也上过学，可还是不识字。太后悔了。"

他告诉我，更好的收入并不是教育的初衷。

"我只能跟牲口们交流。我就跟这些牲口一样。"

实际上他引用的是一句藏族谚语，我总觉得这么说有点残酷。

"如果进了城，我连厕所和医院都找不到。"达才仁说，"即使我的孩子们找不到工作，他们也能有知识。那才是最重要的。"

他的六个儿子中有两个已经超越了受教育而成为教育者。他们在附近东风乡小学教书，我们的志愿小组2012年在那儿安装了太阳能电池板。

才让本告诉这些年轻的老师："你们不光是老师，你们也是学生们的学生。"

达才仁说，他另外两个成年的孩子不得不放弃学业，回家帮着放牧。只靠他和妻子两人无力照顾400头羊和150头牦牛。这些大部分都不是他们自己的，他们靠为别人放牧来赚些钱。

"我们没的可选。"他说。

他们一家每年靠放牧和采集冬虫夏草得到5万元的收入。冬虫夏草通常寄生于鳞翅目幼虫体内生长，在传统藏药和中药中都被认为有神奇功效。

第二天早上，我（试图）挤奶后，去捡牦牛粪。我一直以为牧民们去捡的都是干粪，因为他们只用干粪烧火。结果呢，越新鲜越好。这主要是因为得把牦牛粪砌成一道可以拱卫住地的墙。湿乎乎的牦牛粪就像柏油，有很好的可塑性，方便做成一道道可供燃烧的粪墙。于是，主人们安排我去收集这些新鲜原料。

但它们冷得要命，我的手指很快就像针扎一样疼。突然之

达才仁不识字，他很高兴自己六个儿子中有两个都上过大学，成为东风乡小学的老师。但他也很遗憾另外两个子女不得不留在家里放牧，以支持大家庭。他们一家2017年时放牧400头羊和150头牦牛，加上其他来源，一年收入大约5万元。

2017年我帮着寄宿的牧民一家收集牦牛粪。

间，我满脸都痒得不行，特别是当我的双手都粘满牦牛粪，没法抓挠。牦牛粪顽固地粘在我手上，后来我拼命地洗也总觉得没洗干净。

　　好不容易让独轮车晃晃荡荡装了一些牦牛粪，又得把牦牛们赶上山顶吃草。我的主人教我吹口哨，让牦牛们动起来。这些大家伙在附近一座山峰脚下闲庭信步。然后，我主人的一个儿子接管了牦牛，一路赶上陡峭的山峰。

接下来,还得放羊。主人一家给了我一把特殊的弹弓,当地人开玩笑说这就是"藏枪"。牧民用这种弹弓发射石子,让牲口群转向。我拿起这武器转了转,"砰"一下击中了自己的脑袋。

不过,羊似乎都知道该往哪儿走,根本不用管我在干些什么。

后来,我转到主人家的屋后,看他们在一个小棚子里怎么加工牦牛奶。他们把奶倒入一台自制的机器,上面有过滤网,两侧各有一个口。机器轰鸣着,一边口里滴出一些黏稠物,这是做奶酪的原料;另一边涌出的是黄油。

告别时,主人送了我一个篮球大小的牦牛黄油球,外面裹着哈达(传统藏式围巾),另外还有六根包在纸巾里

在苔原上,捡来的新鲜牛羊粪通常要砌成一圈围住家园,用来取暖和做饭。

我正试着用一种特殊的弹弓赶羊,当地人开玩笑说这种弹弓是"藏枪"。

达才仁家屋后的小棚子里,这台由发电机带动的临时机器在加工牦牛奶,一边口里流出黄油,另一边滴出做奶酪的原料。

的虫草。

才让本解释说,我可以用一根这种寄生虫来文火慢炖一只整鸡,也可以拿上几根泡在他之前送我的那瓶藏羚羊血酒里,至少要泡一年。"泡得越久越好",他强调说。

后来发生的一场地震动摇了这家人房子的根基,我用微信给他们转了些钱,作为对他们盛情款待的回报。

我和才让本准备动身的那一天是8月8日。2017年的第一场暴雪降临曲麻莱。凛冬已至。

让我惊讶的是,主人一家轮流上前拥抱了我(牧民并没有这种习俗)。

我们的车慢慢开远时,我一直在挥手致意。

我头天来时见过的那只土拨鼠也从它的洞里探出头,仿佛跟我道别。

我向这里的人、野生动物和牲畜们道别,包括那些爱尥蹶子的牦牛。

才让本和我回到县城片刻之后,我就在路边双膝跪倒,泣不成声。

在牧场上我一直没有移动信号,回到曲麻莱学校的餐厅

第二部分　走近天堂

我访问了达才仁一家所在的偏远牧场。

时,手机上涌来一堆微信留言。

赶回县城后,我才收到消息,我在中国日报的身患重病的好同事、好朋友Mike Peters说,要把他剩下的一切捐给牧民的孩子。

我再也忍不住,跳起来大步走上街头。

后来我和学生们给Mike发了小视频表达谢意和祝福。

也许我在青海的工作让我对人性的善良有了最深刻的体会。

记得多年前,我的一位至亲病得很重时,我也曾经历如此的惊惶不安。

然后,我的手机上收到一个陌生人传来的照片,几十位身着军用迷彩服、头戴红色贝雷帽的中国女孩正往一辆皮卡上扔袋子。

看起来,有人在山东听说了我们在青海做的工作,于是决

191

定发起捐衣服的活动。我一直没能搞清他们是谁，或者为什么是穿军装的人。

这些年来，我遇到很多这样感人的瞬间。

Mike的慷慨之心早已超越了他的生命。我们期望能让他带来的光明继续照亮这个世界，哪怕他早已离去。

萨特曾经说过，"他人即地狱。"他没有错。但他也不完全对。

"他人即天堂"也同样正确。在青海的工作教会了我这一点。

没有人是完美的，离完美还很远。

但我在这个世界也遇到一些天使。他们的光明持久不衰。

牦牛头、蘑菇和香蕉

这看起来像是冰河世纪的末日景观。

一位戴着飞行员眼镜、身着藏袍的牧民站在雪山上，周围是几十个被砍下的牦牛头。他身后，一座传统砖房和牦牛粪砌成的围墙前面，停着一辆摩托车。

2012年3月左右，才让本给我发来这张照片。他说，一场暴风雪冻死了叶格乡半数以上的牲口，政府补贴的学校牧场也未能幸免。

学校被冻死的牦牛大多是母牛，也就是说学校面临着牛奶不足的问题。另外，熊和狼等掠食者也时常捕杀学校牧场上的动物。

第二部分　走近天堂

2012年，才让本发给我这张照片，那年的一场暴风雪冻死了叶格乡约一半的牦牛。

曲麻莱的高海拔意味着除了肉和奶之外的其他一切都得从数百公里外运进去，直到今天仍是如此。

进入2010年后的头几年，老师们每周或每两周就得驱车150公里去曲麻莱县城购买蔬菜——几年前蔬菜还是紧缺品——以加强学生们的营养。

"但我们有时到不了县城。"才让本说，"天气太坏的时候，路根本走不了。"

运到叶格的物资一路上价格节节高升，在严寒的凛冬会达到顶峰。1斤土豆在省会西宁只卖1元，到了叶格就卖到了2-3元。

以后几年里，随着交通改善，这种情况也得到改善。但是在这以前，人们对牦牛产品、糌粑和藏饼的依赖程度相当高。

所以，我答应给学校买牦牛。

可是，那年我工作繁忙，没有机会去叶格。

于是，我的三位朋友——美国人Patrick、他妈妈Emily，以及英国人Richard（大家都叫他"队长"）——驾车29天从北京一路开到叶格，沿途探索了各种地方，为叶格购买牦牛。

他们还在叶格附近的东风乡学校安装了一块太阳能电池

太阳升起 "美国小哥"见证中国扶贫奇迹

只要不是来自牦牛、羊或者蘑菇的食品就必须从数百公里外运进来。2011年,我们的志愿者小组给叶格的学生捐赠了一车蔬菜。此后交通状况得到改善,政府采取了措施,确保学生们的伙食均衡。

板,提供了包括价值2000元的藏文书籍和百科全书的图书馆,此外还有一台小平板电脑、一些体育器械,以及玩具。

"买牦牛太好玩了。"队长说,"据我所知,我是唯一一个买过牦牛的英国人。别人总是秀自家孩子的照片,我秀的是牦牛。"

他给自己的牦牛取名"白面",因为"她的头是美丽的白色"。他称她为"牦牛选美大赛的宇宙小姐"。

他们在牦牛主人的帐篷里完成了交易。

当时Patrick被帐篷外晾着的蘑菇深深吸引。高原蘑菇可能是曲麻莱土地上直接生长的唯一食物。我经常看到人家外面堆着蘑菇,或者穿成串挂在晾衣架上,搭在店铺门口,甚至是街头的招牌上。

Patrick说,这位牧民不等他们问就主动给他们打了折。

"按照他们说的价格……我们的捐款够买两头牦牛了。然后他说给我们一对牦牛母女。然后又变成了三头,不是两头。所以,他真的很大方。他说:'我们会把这几头牛产的所有奶都给学校,还有用这些奶做的所有酸奶。最终,牦牛死了,学生们就能吃到牦牛肉。'"

第二部分　走近天堂

牧民们利用曲麻莱县城里所有能找到或创造的空间来晾晒高原特有的野蘑菇。这些土生土长的蘑菇并不是当地人的主食，而是他们收入的来源。在高原以外的地方，这种特产每公斤卖几百元。

我们在青海的项目留下了各种收据，我最喜欢的就是他们带回来的这张。歪歪扭扭的字写在中国孩子7岁以前学写字的那种带格子的纸上，签名是红手印。

学校也跟这位牧民签了协议，每年这家牧场会给学校提供20公斤黄油。

"没有黄油的糌粑孩子们不爱吃。"严丁求培校长说，"所以我们需要更多黄油，少一点奶和酸奶。"

队长回忆起他们吃过的饭菜："我们吃了牦牛肉饺子、牦牛奶、牦牛黄油、牦牛酸奶、牦牛奶茶、牦牛肉干，还有当地的特产，牦牛肉就着牦牛

2011年天气不太冷的月份，叶格的学生们在露天吃饭。那时他们还没有食堂。

由于气候寒冷,曲麻莱数百公里内都无法生长农作物,于是牦牛酸奶、奶酪、牦牛肉和酥油茶就成了牧民的主食。

肉炒牦牛肉——开玩笑了。"我对他的玩笑感同身受。这更像是半个笑话。

  他们三个在曲麻莱买了一大车水果和蔬菜。那时这些都还是稀罕东西。我第一次去叶格时,买的水果蔬菜装满了一辆皮卡的后斗。那时我还不知道这在叶格是多么珍贵。

  但是牧民和他们的子女面临的营养不足的问题远远超过了缺少新鲜蔬菜水果。

  "他们吃惯了牦牛肉和奶制品,不喜欢其他食物。"严丁求培说,"但是他们仍然需要其他食物。"

  有一次,学校买了价值好几千元的水果。

  "孩子们会拿起一个苹果,啃一口,觉得不好吃,就把它扔了。"校长说。

才让本说，2009年他开始在叶格教书时，他带去的几种食物学生们都从未见过。

"孩子们吃鸡蛋和香蕉时连壳和皮都不剥。"他回忆说。

严丁求培相信学生们的口味会随着时间变化。而且也真的如此。2019年，学校食堂的伙食里蔬菜的比重很高，每个孩子每天至少有一块水果吃。

县城里不但出现了更多花样的食材，菜系也多样起来。

我记得2017年第一家火锅餐馆开张时在县城引起了轰动，那是这种"异域美食"第一次出现在这里。

2019年时，我们吃遍了县城所有三家火锅店。

我第一次尝了藏式火锅。两层铜锅里沸腾着牦牛肉片、面条、蘑菇，以及黑色和白色的木耳。

"这个，"才让本一边把午餐肉块放进锅里一边说，"是现代化的添加品。"

烫好的食物不像在别处的火锅店里那样放在蘸料碟里，而是就着米饭吃。

那一年我很惊讶地看到曲麻莱县城出现了一家卖汉堡、炸薯条和炸鸡的餐厅。

从某种程度上看，这跟那张七年前堆着牦牛头的照片一样超越现实，而绝无末世的味道。

干涸草原上的扶贫一条街

草原正大片枯死。游牧生活的根也随之枯萎。

由于气候变化,支撑青藏高原地下水位的多年冻土层不断融化。没有了地下冰层来涵养水分,水就渗入更深层的地下,而不是浮起来,滋润表层土壤养育牧草。

这种情况迫使政府限制畜牧业,将当地居民集中到城镇一带,以减缓曲麻莱及其周边地区的草地荒漠化。

2013年,曲麻河乡的居民告诉我,当地约有一半的草地已经退化成了沙地。全县各地的老者们都回忆说,以前的草都长得比人的大腿还高,现在那些还没有彻底光秃的地方,草刚能

气候变化加剧了沙漠化进程,这已经成了"地球第三极"的一场危机。近年来已采取大量措施恢复过去几十年间损失的草原。

没到脚脖子了。他们从来没有想过有一天会像现在这样,更不用说这种现象的后果了。

曲麻莱的荒漠化不仅跟这些偏远地区的牧民利益攸关,而且还会产生国际影响。这里是"三江"发源地,即黄河、长江和澜沧江——最后这条河流出中国边境就被称为湄公河。

传统藏药认为冬虫夏草有治疗各种疾病的神奇功效。在青藏高原和喜马拉雅山区,虫草通常寄生于鳞翅目幼虫体内。随着草原退化成沙地,虫草也越发稀少。

这个地方的事例表明,不仅需要减少排放,而且还需要减轻气候变化对地质脆弱地区的伤害。

曲麻莱平均海拔在4200米以上,这意味着匮乏的自然资源,除了冬虫夏草就没有什么别的资源。而虫草也因为荒漠化而越发稀少。

曲麻莱的老一辈外出务工的希望十分渺茫。他们大多目不识丁,甚至说不好标准藏语,更不用提汉语了。大多数人除了放牧没有别的技能,几个世纪以来,畜牧业一直是这里唯一的谋生手段(我称之为"yakonomy"——牦牛经济)。

我永远不会忘记我和才让本到曲麻莱的一家书店为当地学校的图书馆买书。由于经理不会写字,最后才让本写了我们的收据。

在限制放牧期间,政府对牧民的牲畜进行补偿,并提供福利。然而这个县地处偏远,几乎没有任何资源或产业,要在这里创造就业机会,压力可想而知。

曲麻莱开办了职业培训学校来改善当地居民的生计,并且防止过度放牧。培训技能包括绘制被称为"唐卡"的传统藏传佛教卷轴。

这看起来几乎是不可能的。然而,到2019年时,这个目标已基本实现。

唐卡艺人图旦俄智可谓这一时期高原地区扶贫工作的真实写照。

这位21岁的年轻人说,他以前根本就没有什么前途,直到2017年他开始在曲麻莱的职业培训中心学习绘制藏传佛教卷轴。

"来这里以前,我没有真正的工作。"他在2019年告诉我说,"我挖冬虫夏草,有时还打打零工。"

他经常很长一段时间什么钱也挣不到。"大约每三个月我能挣到1000来块钱吧。"他说,"我什么手艺都不会。如果我把这个学会了,就可以赚钱了。从这里毕业后,我还要去其他地方,真正掌握唐卡技艺。"

他说,唐卡有两大流派,他还只学了其中之一,他很想接着去学另外那个流派。

由于高原的地质环境给民生带来的挑战，地方政府加紧投资职业培训、移民安置和合作社。

曲麻莱的职业培训中心旁边就是当地人所说的"扶贫一条街"。

在那里，全县各村都在县城中心附近经营着旅馆、饭店和商店之类的营生，每年所得利润在村民之间分配。在这条街上打工的一些人就是从职业培训中心毕业的。

图旦俄智学画画的职业培训中心是新近开办的。这个园区有十多栋建筑，紧靠着移民安置区，有400多人在这里学习厨师、理发师、机械师、设备操作员、电工和家庭装修工等行业的技能。

他们中很多人也在学习本地的传统技艺，比如举办传统的藏式婚礼、表演民族舞蹈和缝制藏袍等。

职业培训中心的藏袍系有一间陈列室。最豪华的羊皮藏袍售价超过10万元，而最便宜的布料品种起价约为200元。制作一件藏袍大约需要6天，学习如何缝制它们则大约需要一年之久。

裁缝合作社的销售所得被分配给学徒们，像职业培训中心的所有受训者一样，缝纫学徒们可以得到免费的指导、食物和住宿。

这个项目的主管老师西甲说，大多数毕业生都去了州府所在地，在那里他们每个月的收入约为3000元人民币。

西甲以前曾在曲麻莱的步行购物街上开过藏袍店。因此，政府邀请他到培训学校工作。

"我以前自己开店的时候赚得更多。"这位50岁的老师在展室里告诉我，"但是在这里，我可以把手艺传授下去。"

教授唐卡绘画的桑周却培以前也是自己开店卖唐卡卷轴，他

降边土丹在听说了曲麻莱的职业培训中心后,从印度返回家乡学习唐卡。他从8岁起在印度学习了16年唐卡艺术。

同样表示,很高兴接受较低的收入来帮助他人增加收入。这位28岁的老师说:"我很高兴能在这里把这种传统艺术传授下去。"

他说,大多数毕业生自己创业,每月收入在4000至6000元人民币之间。

2017年,降边土丹在听说了职业培训中心后,从印度返回家乡学习唐卡。从8岁开始,他已在印度接受了16年的培训。

"这太有意义了。"他说,"这不仅仅是艺术,也不仅仅是绘画。这意味着太多太多。"

来自沙漠绿洲的一课

它看起来仿佛海市蜃楼,但这片绿洲真实存在。

这片绿洲是中国政府和青海省为保护并恢复青藏高原脆弱的生态环境,同时提高人民生活水平而不断采取的创新方法的明证。

2019年秋,我站在沙漠腹地的农场正中,不禁大吃一惊。

三年前,这里还是漫天黄沙。如今专家们已在干涸的地面下发现了水源,泵出的清水灌溉着温室和果园。这里不仅产出了西瓜,还有向日葵瓜子和枸杞。

我爬上一座瞭望塔,极目远眺。一片茫茫沙海之中,我所在的农场是一座绿叶织成的小岛。岛的边缘站着一排浓绿的耐旱胡杨,挡住了步步进逼的沙丘。最后一棵树身后,绿色陡然转为黄色。

农场上也有一些枯死多年的胡杨,其中最古老的可以上溯到8000年前,那时这里还是一片天然的绿洲。

这种今昔对比指明了未来的方向,抵御沙漠化的工程确确实实为当地人带来了累累硕果。

一种广为流传的观念认为,环境保护和人类发展是零和游戏里的竞争者。而这个农场的实践表明,青海采取的措施已经跳出了这种观念。青海所实施的策略不仅显示出这两个目标不必相互矛盾,它们甚至可以互补。

我在其他村子还看到了这种策略的不同方式,绿色旅游、可持续的资源利用,以及一些牧民搬入定居点后,政府出

太阳升起 "美国小哥"见证中国扶贫奇迹

2019年,一座农场出现在三年前还没有生命的地方。它的绿色边缘与外面的黄沙形成鲜明对比。

这个基地也有一些8000多年前枯死的胡杨,那时这里还是一片天然的沙漠绿洲。

视频二维码

钱让他们去保护昔日放牧的草原。在定居点里,牧民们可以享受更好的生活、更便捷的交通,以及更多公共服务。

这个故事不仅对青海十分重要,对全世界来说也是如此。有大约20亿人依赖着发源于青藏高原上的各大水系。其中很多人都离不开始于玉树的三条大河——长江、黄河和澜沧江(下游为湄公河)。

青海省的生态健康并不只是个区域问题,这更是个全球问题,这意味着青海开展的环境保护行动事关你我所有人。

第二部分　走近天堂

思考这些事情的时候我正品味着一颗枸杞子,这是我从沙漠腹地农场正中的一棵灌木上摘下来的。远处,夕阳正给波涛起伏的沙海上空染色。

的确,这个绿洲不是海市蜃楼,它证明那些看似不可能的事情确有可能实现。

从这个令人难以置信的农场的灌溉系统里喷涌而出的不仅仅是水,它更是希望。这希望流淌着,壮大着,走出了农场,跨越了沙漠,流到地球的每一个角落。

"世界屋脊"庇护着地球的生态环境。

但气候变化和沙漠化等问题正在侵蚀撑起高原生态的许多支柱。中国政府和青海省采取了创新的解决方案应对此事,不仅要保护受到侵害的地域,还要恢复退化的土地。

仅在2018年,青海省的草地覆盖率就上升了1/4还多。

2019年6月,青海省连续360个小时完全使用绿色能源供电,创下了新的世界纪录,打破了该省前两年创下的这个纪录。

在此期间,青海省用绿色能源发电甚至产生了富余电力,与中国中部和东部省份分享。到2019年中,青海省已经有86%的装机电力来自可再生能源。2011年我在叶格乡时可绝对没想到会有今天的一切。

与此同时,濒危的藏羚羊种群也从20世纪80年代的不到2万头恢复到了7万头。

长江源村这个名字源于其长江源头的位置。不过,这个村早已离开了长江源。它已经离开草原,搬到曲麻莱县旁边的格尔木市郊。

"放牧和垃圾对高原有害。"村民更尕南杰说,"异地搬迁和减少放牧能帮助草原恢复。"

2004年超过400名牧民开始搬入新的定居点。此前他们在较温暖的月份带着帐篷四处游牧，每年平均只有不到2000元的收入。居住地的偏远更让他们难以将孩子送去上学。

现在他们住的新房子里有自来水和煤气。除了补贴，他们去山上和河边巡逻也能挣到钱。"巡山队打击盗猎等损害环境的行为。"更尕南杰说。

政府的措施保护的不光是淡水水源，比如在察尔汗盐湖，政府就以可持续的方式开发资源，并且发展了生态旅游。这个面积约5860平方公里的湖泊富含钾、镁和锂。

"所有的开发全都是零污染。"青海盐湖工业股份有限公司总裁谢康民告诉我。例如，在加工钾盐混合物过程中产生的氯化镁就被用来制造其他产品。

察尔汗盐湖也在发展旅游业，这已经成为青海很多地方的一个重要的绿色产业。

2019年7月，在高庙镇的新庄村，一个大型花园对外开放，游客可以欣赏花卉和各种文化活动，或者享受一下户外。村支书李连和说，当地政府计划开发更多景观，尤其是要恢复山地植被。

这个景区的门票是20元，当地居民每年每亩地可以从门票收入中得到1000元。李连和说，去年有20万人访问了新庄，这带来了500万元收入，创造了4000个就业岗位。

保护生态环境的同时，青海也在监测环境。自2016年以来，已经建成包括1579个监测站点的综合网络。省环境监测中心评估的数据中也包括冰川和永冻土。

在三江源地区安装的摄像头除了监测野生动物之外，也监测包括捕鱼、打猎和野营在内的人类活动。

青海省生态环境厅信息中心主任李飞说，除了摄像监测，巡逻队每月有22天骑着摩托车四处巡查，这都使得政府能

第二部分　走近天堂

2017年5月15日，可可西里管理局工作人员指挥行驶车辆停车，保护藏羚羊顺利通过公路。

够惩处违法者。

　　李飞说，监测中心还与生态环境部这样的国家级平台分享实时信息，此外他们与中国科学院和一些非政府组织也有密切联系。

　　监测中心工作人员罗松扎西说："我们已经观察到更多的藏羚羊等野生动物，这充分说明生态环境得到了改善。"

　　事实上，青海已经为藏羚羊安排了专门的"交警"。

　　这不由让人想起那个老笑话，"小鸡为什么要过马路？——为了到马路对面去。"到了青海，这就变成了"藏羚羊为什么要过马路？"当然也是要到马路对面去。

　　可这句话说起来容易，做起来却很难。

　　藏羚羊群在迁徙途中会经过一些偏远的道路，如果不是为了保护这个濒危物种，一定不会在这样的地方设置交通指挥。

　　有藏羚羊经过时，工作人员就会让偶尔路过的车辆停下。

这里不会设置交通信号灯，藏羚羊可不会遵守人类的信号。

可可西里自然保护区面积辽阔，其中包括曲麻莱县的一部分。在这里，交通事故的肇事者通常都有蹄子。

为了将人类的影响最小化，保护人员给这些动物留下了很大的空间。远看上去，藏羚羊群就像是迷你的小玩偶。可想而知，藏羚羊眼里的人类也不会很大。

在青藏高原这片几乎无人居住的地区，等待藏羚羊通过的车辆沿着蜿蜒的公路排得一眼望不到尽头，所有发动机都在突突地吼着。

最后一只掉队的藏羚羊终于慢腾腾走过公路后，保护人员示意车辆可以通行。一辆辆车这才轰鸣着继续赶路。

访问青海时我经常看到这些濒危动物。

我突然想到，我们这些灵长类坐在车里长途跋涉，而这些牛科动物靠着它们的蹄子万里迁徙，在事实上和隐喻意义上，我们已经在十字路口相遇。

一条大道通贯南北，另一条自东往西。现代发展将一条道路铺上沥青，而古老的本能硬是在草丛中　出另外那条路。可可西里是我们两个物种交汇的地方，从各个层面来看都是如此。

访问青海时我看到很多珍稀动物，藏野驴、鹰、野牦牛等。

一年夏天我住在一户牧民家，他说起有一次去把狼赶离羊群，结果他自己朝相反方向一路狂奔。那不是一头狼，而是一头熊。

故事最后，他也承认这对当地的生态环境来说是件好事。

保护环境、恢复生态和改进人类发展意味着，对于青海省和其他地方的人来说，青海的未来不仅看起来更加光明，而且更加绿意盎然。

第二部分　走近天堂

小康之路

一辆飞驰而来的汽车撞上了一头牦牛，车毁牛亡。

愤怒的司机质问牧民："你干吗把牦牛赶到马路上？这儿又没长草！"

牧民想了一下说："那你为什么把车开到我家牦牛身上？牛身上又没有路！"

这是青海玉树流传很广的一个笑话。讲得非常有道理。这是一个牧牛的世界。

更不用提那孜孜不倦的高原鼠兔，它们已将每条乡间道路都变成了中世纪骑士们戴的金属手套，一棱接一棱，还满布坑洞。主要是出于宗教原因，来往的司机们尽最大可能避开这些小家伙，于是在这些本来就蜿蜒曲折的山路上不时就会有辆车突然猛拐弯。

牦牛和羊在玉树的公路和街道上漫步。

209

土路上年深日久形成的车辙也会让车辆向前行驶的同时剧烈地上下震动。

2011年我第一次跟随牧民深入高原腹地采访时,车上还装着一些牲畜。

我跟三位牧民挤在一辆皮卡后座上,司机旁边坐着一位非政府组织的当地员工,我正在报道他们的地震灾后恢复工作。

途中,一位乘客买了一头大角公羊,绳子一头绑着它的角,另一头拴在车窗后面。而我就坐在车窗正前方。整整8个小时,这头羊叫个不停,它那锋利的角尖不时撞在车窗上,离我的后脑勺只有几毫米。

"哐——当——!"车疯狂颠簸着。"嘀嘀——吧吧——!"司机狂摁着喇叭。"咩——咩——!"羊没完没了地叫着。

这头反刍动物呼出的水汽凝结在窗玻璃上,水珠流成了线。

我们开过草地,不时冲过小溪,水花飞溅。离开小路后我们又开了好一阵,终于到了半山腰一顶帐篷前面。周围起伏的坡地披着绿色谱系所有的层次。

羊被放下车。钞票易了手。我们绝尘而去,永远留下了一

2011年,我跟着牧民深入没有公路的地方采访。卡车后面这头大角公羊被绑着角,角尖离我的头部只隔一层玻璃。

个（非人类）乘客。后面的旅途相对来说就安静多了。

"做点生意。"卖家呵呵一笑，"城里人都做生意。我们也做，随时都做。"

事实上，玉树的每个牧民都是"做生意"的企业家。而糟糕的路况，甚至根本没有路的现实，意味着付出更高的时间成本，却得到更低的回报。

2011年，我花了一整天跟随一些筑路工，他们正从曲麻莱县城把路修往叶格乡。

胡永涛（音译）和其他工人正在玉树地震灾区各地修路，这是保证震后重建的道路，更是通往更快发展的道路。

胡永涛和同事们全年工作9个月，每天从早上6点要一直干到晚上10点半，冬天的气温通常都在零下25摄氏度以下，此外还有严重的高原反应。在这样的条件下，他们一点一点改善着路况。

以前叶格乡的居民得花3个小时才能沿着一条"震骨路"到达曲麻莱县城。地震一年后，这条土路已经得到改善，只需要一小时就可以到县城（那时它还是土路，而今这条路已经铺好路面）。

"老路太烂了。"胡永涛说。我们正缩在筑路队的帐篷里，从牦牛肋骨上锯下肉块，然后用刀片成小块送到嘴边。这是藏族人的风俗。

在藏区工作久了，这些汉族工人也习惯了当地风俗。他们教我把刀朝着自己用力，而不是像我小时候学的那样朝外用力，以免伤到自己。藏族人的这种习惯是为了保护对面的人不会受伤。我立刻照办。

第一刀下去，我就切到了拇指，血滴到了袖子上。可我不想让别人看到。

太阳升起　"美国小哥"见证中国扶贫奇迹

2011年，玉树公路队的工人们在玉树州筑路。极端恶劣的自然条件曾让这里的交通基础设施发展困难重重。今天，铺好的高速路已将玉树和周边居民点任何方向的路程缩短了几个小时。

他们非常好客，我知道他们会立刻放下午饭，四处翻找止血绷带，为了我这没什么大不了的伤口忙前忙后。

我更想谈论的是修路。

"普通车以前没法走。"胡永涛说，"司机们现在高兴多了。"

问题是修过的路用不了多久就又不行了。胡永涛说，这对于玉树公路队来说，意味着"我们永远不能休息，刚修好一条路，另一条就出了新问题，没完没了，不知道什么时候才能干完青海的活儿"。

2011年胡永涛最大的愿望是得到更好的设备。"我们干活只有最简单的工具，除了铲子就是双手。"他边说边啃着大块的煮牦牛肉。

他们坐在进餐的帐篷里，肉块散发的热气在寒冷中冉冉升起。

那天是8月5号，我刚刚见识了叶格的第一场雪。我得知，这场雪会下到来年6月。

第二部分　走近天堂

"严寒非常危险。"胡永涛说,"我们必须裹上一层又一层厚衣服,还得经常换靴子。"

他期待着即将在11月开始的三个月年假。"冬季太冷,又经常下雪,普通的修路没法干。但我们还得随时待命。如果因为冰雪出了问题,公司会叫我们回去,我们就得赶到现场去清路。"

即便是冬季,工人们也得轮流守在叶格。

胡永涛的月工资是3000元,他说比大部分同事都高。入行20年来,这个39岁的河南人有19年都是在青藏高原的青海路段工作。

"我只能说些简单的藏语句子。"他说,"虽然语言不通,我能跟当地人很好地交流。我们经常一起吃肉喝酒。我们主要谈的就是公路。"

筑路队的营地就在叶格乡,当地人总是邀请他们去过节。"学校匀给了我们一些桌子,那时我们什么桌子也没有。"而在学校,因为桌子不够,只能三位老师挤在一张桌子上工作。

胡永涛说,他已经习惯了高原上缺氧的寒冷空气。

"刚开始时我头疼得像要裂开,但还是得干活。那时我的嘴唇总是开裂起皮。"

高原反应是困扰很多外来者的问题。胡永涛的办法是生嚼大蒜,此外还时不时去筑路队的生活区,在一个角落里大口大口地吸氧。

"我打算55岁退休,我很高兴能跟大家一起做了些事,也为大家做了些事。"他说,"我们很自豪干这个工作,这活儿不容易,但我们尽力为人民为国家做好自己力所能及的事情。"

那一年,才让本、罗松江措和我在路上看到一辆四轮朝天的车,赶紧下车去帮忙。那辆车已经皱皱巴巴,好在车里的人

才让本、罗松江措和我在路上看到一辆四轮朝天的车,赶紧下车去帮忙。进入2010年后的头几年,路况不佳,车祸频发。

我和才让本去秋智乡小学的路上,一辆送煤的卡车在山路上侧翻,司机站在出事的车上。几天前,我们给秋智乡小学订了一吨煤。

平安无事。他们谢了我们,但表示不需要什么帮助。

于是我们又挤进车里继续赶路,只是开得慢了一点。

另一次,我们看到一辆侧翻的卡车,一车的黑煤块滚落山坡。出事故时,司机正试着转过一个锐角急弯,这弯看上去就像一枚锋利的犬牙。

司机在朝天的卡车车斗上来回踱着步,手机紧紧贴在耳边。可想而知谈话的内容,我只能在心里默默祝他好运。

我们正在去往秋智乡小学的路上。几天前,我们给这所小学订了一吨煤。几天后,送煤的那辆车也得走这条险路。

玉树的道路两边经常有一些石块垒起的玛尼堆,标出了致命事故的地点。它们实际上是无字的"减速"标,对于不识字的司机来说简洁明了。但它们主要是为了纪念那些不幸故去的人们。

在青海的另一次旅行中,一位脸上有闪电形伤疤的司机不断停车,到路边小河里去装满水瓶。很快他就每隔几分钟停一次车。这肯定是我遇见过最容易渴的人,我想。

可是这个人看起来很焦急。他到底有什么事?

车又停了几次,我终于发现,他在往车的后轴上浇水。一碰到滚烫的金属,水就"滋——"的一声溅起一点泡沫,然后化为水汽。

我们已经开出了手机信号区,出了事也没有办法呼叫救援。

于是这一路上,我们开几分钟就得停下,装一瓶水,浇到后轴上,然后再重复。在荒野中行驶了几个小时,我们就一直这么重复着,直到抵达最近的乡镇。

这个地区发生地震时,我们正在路上,什么都没感觉到。学校晃动起来,才让加老师被摇得掉下了床。学生们仍未完全走出2010年大地震的阴影,他们非常恐慌。所幸没有伤亡。

2013年,我们从玉树州政府所在地去曲麻莱县城的路上爆了胎,那是半夜2点。

最后一次看到帐篷已经是几十公里以前的事。玉树面积广大,而人口很少,并且非常分散。这里主要是无人区,杳无人烟的草地和沙漠。

没有人类居住,但并不是毫无生机。那天晚

一位牧民往车的后轴上浇水降温,我正搭他的车去另一所学校。糟糕的路况经常损坏车辆。

上，经过一段格外荒凉的路段时，一头狼在前方一闪而过。在我们的大灯照射下它看起来更像个鬼影，双眼闪光。当地人说，行路时遇见狼会带来好运。但愿如此。

车爆胎后，司机说他可以打电话给一个朋友。可他的手机不见了。我们一遍又一遍搜寻了驾驶室，找不到。最后我们断定，司机第一次去查看轮胎时，一定是把手机落在了那儿。

我们掉头往回开，慢得像蜗牛爬。终于，在大灯下白雪一般的沙地上出现一个小小的黑色长方形。他打了几个电话。我们坐下等待。好几个小时过去了，终于有一个人赶来，带着一个备胎。

那一年，我们14个志愿者搭乘几辆车，雨水将一段沙路泡成了烂泥。高原反应不太重的人都下车帮忙推车。

"一、二、三！"我们喊道，一起用尽全力往前推。可是车纹丝不动，我们倒陷进了湿滑的泥浆。又推了几次没有结果，我努力把脚从泥里拔了出来。可是鞋子没出来。我弯下腰，把胳膊探进泥坑里，从没到胳膊肘的淤泥里拽出鞋。

我们从路边捡来石头放在轮胎下面，然后接着推（我光着脚），车慢慢动了起来……然后，石头就用完了。

于是，我们把石头从轮胎后面挪到轮胎前面，再推，再挪——每次前进半米。也不知道这样折腾了多久，终于来到稍微高一点的路面，碎石成分也多一些。

一片欢呼声中，我们相互击掌，跳回车上，还得去赶飞机。

奔到玉树机场时，泥土仍紧紧粘在裤腿的纹理上，直到膝盖。这细细的粉尘就是不肯出来，哪怕泥已经彻底干透，我们拼命拍打裤腿也没用。

我忽然意识到，机场里任何人只要看一眼我们这群泥腿子就会知道发生了什么，这样的事情那时大家都司空见惯。

坐上飞机，大家终于能为自己这副狼狈样大笑一场。这时的确需要一点幽默，这趟旅行并不轻松。

把其他志愿者和我妻子Carol跟我们的2岁女儿送到省会西宁后，我独自回到叶格，继续在高原的其他乡镇开展项目。

几天后，我也告别了曲麻莱，再一次花12个小时去玉树机场，从那儿再转往北京。

那趟旅途中，我的脑袋除了撞上车的顶棚，还不断跟一位僧人相撞。我非常渴望能有条安全带可系，这并不是因为我担心出事故，而是真心不想再去撞车顶，或者这位智者的头颅。

他非常友好，每当我们头碰头时，我们都相视一笑，尽管我们都知道对方也不觉得这有多么可笑，至少当时是这样。但我们还是想表达良好的愿望。

他不会说汉语，我也刚学会几句藏语，比如"你好""谢谢"和"是"。我们除了笑一笑，就没有别的表达友好的方式。

回想起来，我真希望那时我能够用藏语说："嘿朋友！现在我们知道杯子里的骰子被晃起来是什么滋味啦！""哈！"这个梗让我在肚子里笑出了声。

我马上又想，要是那位僧人见我突然笑出了声会怎么想？毕竟我们刚刚狠狠开了个"碰头会"。

那趟路上我们的"行为模式"可以用几个声音来概括：嘭！"哈！"哐！"嘻！"咣！"嘿嘿！"我们就这样一路撞头，然后尴尬一笑，一边揉揉又鼓起的一个包。

随后的旅行中，一次特别剧烈的颠簸把我的头狠狠送到侧窗上，眼镜腿掉了下来。

自从2010年的地震促使政府投资交通和旅游以来，玉树的道路一直在不断改善。2011-2014年，中央政府给玉树拨款1亿元，其中大部分都用于恢复地震中损坏的景点和道路。后来

随着收入和路况得到改善,越来越多的玉树人购买了摩托车和汽车。

中央政府又新增了拨款。

到2016年,从玉树州政府所在地到曲麻莱县城的道路已经全程铺好沥青。原来需要12小时以上才能走完的路程现在只需要3个小时。从县城到各个乡镇的路也都铺好了路面。

这些年每次回到玉树我都会注意到人们的收入又有所增加。两层砖楼正逐渐取代平层土坯房,特别是县城一带。曲麻莱县城中心的大街上都是现代化建筑,入夜霓虹灯箱花花绿绿。

越来越多的人购买了摩托车和汽车。才让本2016年时买了辆SUV。

随着交通改善,游荡到路上的牲畜越来越少,但当地人让我放心,那个关于车撞牦牛还是牦牛撞车的故事未来许多年还会让人会心一笑。

第二部分　走近天堂

"这是我们的文化。"一位本地教师解释说,"一切都在变化中,但我们会一直热爱牦牛——和欢笑。"

公路勇士一路向西

再一次,牦牛踹了我。再一次,又是我的错。而这一回,我是在下牦牛而不是上牦牛时选错了边。

它的蹄子像风钻一样连续敲击我的腿。好吧,吃一堑长一智。幸运的是,这头牛的凌空抽射只是擦伤了我的膝盖和小腿外侧,让这里青一块紫一块,也给我的牛仔裤留下了印象派的蹄印。

下了牛背,我试着走了两步,很欣喜地发现,我居然没有瘸腿。

几分钟后,一位笑容灿烂露出最后一颗牙的僧人弯下腰,再抬起身时举着一朵他刚从草丛中新鲜拔起的野生蘑菇。刚才他的牧民家人还在他们的土坯房里招待我们喝了牦牛奶茶。

他把蘑菇送给我们。跟我一起从北京出发横贯中国

我和朋友们访问曲麻莱时,顺路拜访了一户牧民。这家人当中有位僧人,他采了鲜蘑菇送给大家。

太阳升起 "美国小哥"见证中国扶贫奇迹

 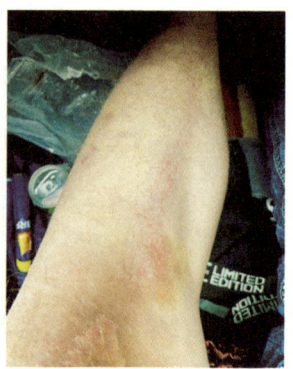

我骑着一头牦牛,下来时被踢中小腿。2019年,我和朋友开着SUV从北京出发,行驶了4000多公里前往青藏高原。

的几位朋友小口小口地品味起这种土特产。

　　这是我跟这些朋友们分别前的最后时光。2019年夏,他们装满了两辆SUV,从北京一直开到曲麻莱,全程4000多公里。

　　挥手道别后其他人继续赶路。我只跟他们走了前半程,因为我想亲眼看看中国北方的原野。我们一路经过北京、河北、山西、内蒙古、甘肃和青海,沿途饱览了森林、沙漠、草原、山地、平原和苔原的风光。

　　我们的司机之一"队长"过去13年里已经开车在中国跑了18万公里,包括从北京到东风乡的这趟旅程。大多数人对烂路避之唯恐不及,而队长专门找烂路开。他就是这样的人。

　　从首都出发的第一天,我们在河北一个小镇的蒙古包里吃了午饭。

　　那天晚上,我们在内蒙古鄂尔多斯夜市跟当地人一起痛饮马奶酒,庆祝队长的生日。

　　次日,窗外的风景不久就从森林变成了灌丛,最终植物消失在戈壁滩的沙堆里。

第二部分　走近天堂

有些地方，大地鼓起奇怪的包，像癞蛤蟆的皮肤一样。另一些灰尘满天的地方又像是天上什么开关被打开，挤下了大堆大堆的石块。

荒凉的山地搅动着沉闷的紫、红、棕和绿色调。仿佛一场豪雨扑落了彩虹，五颜六色都沉淀在岩石表面，褪尽了光泽。

说到下雨，这是我们在茫茫戈壁上最没想到会遇上的东西——可能仅次于洪水。

我们的一辆车不得不冲过陡然出现在路上的一条河。司机犹豫了一会。要是他不试着冲过跟车前盖一样高的河水，他肯定会被困在沙漠里。但如果他试了，这辆车也可能无限期困在这条河里。

他成功了。但河水的阻力把前杠的车牌掀了下来。

骆驼们在暴雨中融为烂泥的沙丘上继续走着，蹄子戳出了一个个洞。

几乎空无一物的大地上看似被放错了地方的零星孤树披满了风马旗。它们见证着生命的坚韧和文化的活力。

在青藏高原上，牦牛粪不光用于做饭和取暖，也可以用于装饰。

荒凉的戈壁滩上，蒙古族人给那些顽强生长的树披上了风马旗。

左上：哈拉浩特（黑水城）遗址附近的怪树林里，数百棵古老的胡杨在沙漠里像木乃伊一样得以保存。

右上：戈壁滩深处的哈拉浩特（黑水城）遗址。

左下：青藏高原林木线以下的高山林带。

右下：甘肃张掖彩虹山附近的冰沟。

第二天，我们经过内蒙古阿拉善盟的哈拉浩特（黑水城）遗址，附近的怪树林里，胡杨遗骸早已被日光漂白。

很久以前这一带的绿洲水源枯竭，胡杨也迅速脱水。极为干旱的气候条件将树木变成了"木乃伊"。在这场吞噬一切的灾难中，树干挣扎扭曲，手臂高举着，向苍天发出最后的诘问。

排山倒海的沙浪以难以觉察的慢动作涌向哈拉浩特的城

墙,这座古丝绸之路上的前站直到14世纪末才被废弃。

一座残存的建筑物最高处,某个哺乳动物的头骨在阳光下熠熠生辉。这座死城里随意洒落着为数不少的骨骸。我很好奇是谁把骨头丢在这里——又是为了什么?

随后我们前往甘肃张掖的彩虹山,这些丹霞地貌特有的山峦的确名不虚传。从直升机上鸟瞰时,这些砂岩上五彩斑斓的条纹分布之广更令人叹为观止。

当天晚上,我们徒步穿越张掖不太知名的冰沟。一丛丛参天的岩柱撑起了斜阳。

次日晚上,我们在青海湖畔的草原宿营。清晨醒来时,这个巨大的水体岸边已淹没于一片片黄、红、蓝色的花海。

牦牛、绵羊、马——奇怪的是还有几头羊驼,在岸边悠闲地漫步。

路上的牌子警告司机注意穿行的牲畜,以及路上被撞死的动物。偶尔看到几头被撞死的牦牛,我不由想起那个车撞牛还是牛撞车的老笑话。

很多年前我就听说过这个笑话,但真的看到被车撞死的牲畜,我才想到这个幽默的小故事源于现实中的死亡。

在别的地方,冲出路边护栏摔得稀烂的车辆提醒着司机们注意驾驶安全。有时标牌上的藏文、汉文和英文提醒司机注意多年冻土。苔原不断上冻和融化,把道路变成了瓦楞,在这样的道路上行驶就像驾着轮子乘风破浪。不少人因此在陆地上"晕了船"。

眼看就要到曲麻莱,我和队长都犯愁还没给才让本准备好像样的礼物。

几小时后,在草原上一处偏远的修车点小停时,一位藏族汉子骑着摩托停在我们车边。他指了指一个塑料袋问:"买

曲麻莱的佛教寺院。

点吗？"

"你有什么？"我回答。他打开袋子说："虫草。"

正中下怀！才让本就喜欢这东西。这种生物看起来是一条木制的毛毛虫，但顶着独角兽的那种角，虽然不能动，却仿佛随时都能蹑手蹑脚地逃走。虫草就跟它的栖息地一样似乎不属于这个世界。我买了六条。

巍峨耸立在地平线上的山峰都戴着冰川的王冠，它们早已长到没有什么生物可以存活的高度。这些威严的君王雄踞高原之巅，时刻提醒那些在天空更低层讨生活的众生谁才是万物之主。

较低等的群山则披着所有想象得出的绿色影调，黄色的野花星罗棋布，这儿那儿点缀着些黑色的牦牛。银白的小溪冲洗着山坡的脚趾。

青海的天空同样精彩。2019年，我有生第一次见到太阳光柱——光线经过空气中的冰粒折射，成为解体的彩虹。我们到达曲麻莱的第一天，天空横贯着完整的双层彩虹。

来到曲麻莱县城，迎接我们的是一场藏式盛宴。才让本一家已经准备好了手把羊肋条、牦牛黄油、奶茶和酸奶，做糌粑的原料都盛在一个装饰精美的木盒子里。

第二天，我们顶着暴雨访问了一家当地寺院。一条河兜兜转转流过草原，我们就在河岸上准备烧烤。天空仍然阴晴不定，煤油炉奄奄一息，我们只好用牦牛粪引燃煤炭，才能烤羊羔肉和土豆串。

这顿饭香极了。

次日，我们这伙公路勇士试骑了牦牛，然后各奔东西。

我在曲麻莱又待了一天做志愿工作，跟老朋友们见面，调查扶贫项目怎样改变牧民社区的生活。

飞回北京前，我还去了趟玉树，访问当地的寺庙，以及世界上最大的玛尼堆。

这次横跨中国之旅让我看到，中国北方辽阔而时常荒凉的地貌是如何由其多变而有时敌意满满的地质条件塑造而成的。这也显示出这一切与它们造就的景观、野生动植物和文化之间环环相扣的紧密关系。

而这个观察所得是沿着大约4000公里的公路，开着SUV——或者骑着牦牛，一公里一公里得到的。

朋友们继续前往四川。

我则回到叶格乡。我很高兴故地重游，因为这次访问展示了一个全新的地方。

让我们先快速闪回2011年。

那一年我初次造访叶格乡小学，这改变了我的生活。

玉树有世界上最大的玛尼堆,估计由25亿块石头组成。朝圣者们念着经文围着玛尼堆转圈,从现场的石匠那儿买来石头加在玛尼堆上。2010年的地震破坏了这些石刻,此后已得到重建。

现在我们再快进到2019年。

叶格小学仍然在它原来的地理位置。但其他一切都发生了变化。

走进学校的新大门,迎面看到全新的校舍,包括师生宿舍。但校舍里的设施更让我惊叹,电脑和科学实验室即将完工。除了常见的试管和烧杯,科学教室里还有互动式的人体模型和天体模型,以及真实的动物标本,比如处于不同生长阶段的蝌蚪和青蛙。其他教室里堆着大量器材,准备用于全新的艺术、音乐和体育教室。

教师们的资质也大大提升。数年前,很少有合格的老师愿意到这样极端的环境里任教。当时不少老师只有小学或初中文化,每月工资不过500元。

政府一直致力于将农村学校提高到与城市学校相同的水平,要求所有老师都要获得国家级认证。那些资质不够的老师

2019年，我们给曲麻莱最贫困的学生家庭捐赠了食物，牧民们送给我数百条哈达。

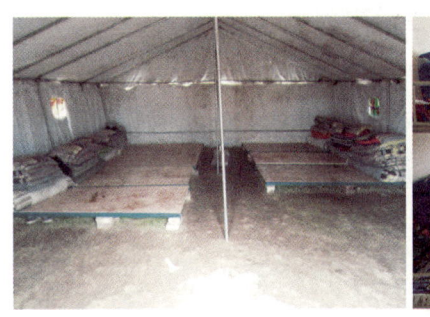 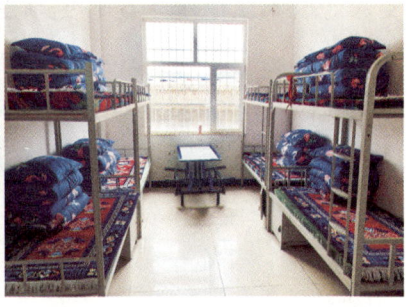

2019年叶格学校的宿舍（右）已经与2011年我来这里安装太阳能电池板时的学生宿舍（左）大不相同。早期的宿舍是帐篷，里面是一些垫高的木板。

留在学校里，转而从事管理员、厨师、维修工等工作。更好的条件意味着新来的合格老师更愿意留在叶格。

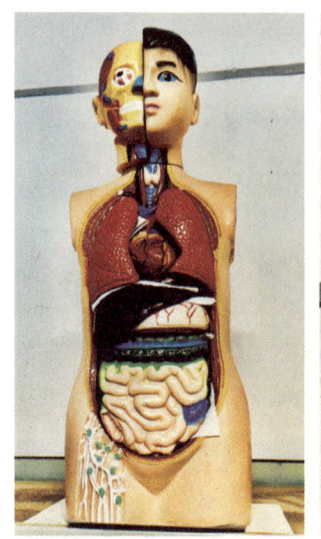

2019年叶格小学不仅能上科学课，还有了设备完善的实验室。

现代化楼房里的学生宿舍有上下床，床垫和被子都很厚实。他们不仅用上了电，更享受着电暖气，因为烧煤可能会导致一氧化碳中毒。

过去十年来叶格学校并没有搬离它原来的地理位置，但这所学校已经朝未来大踏步前进。曲麻莱县和整个玉树州也是如此。

从各个意义上来说，光明已经来临，将人们带往更接近天堂的地方。

| 第三部分 |

走出贫困
迈向小康

鸸鹋。虚拟现实。草本壮阳药。高科技厕所。愚公移山的故事在当代成为现实。热带水果在"地球第三极"茁壮成长。

的确，中国提出的扶贫方案不仅极具创新性，有时看起来甚至是不可能的。尤其是当中国从"一刀切"模式转向习近平主席提出的精准扶贫战略时，更是如此。

从内蒙古的沙漠到西藏的苔原，从贵州的森林到河北的草原，我在中国各地时常遇到一些出人意料的解决方案。

也许最让人震惊的是，这些有时看起来颇为奇怪的项目居然真能奏效，并且已成功地帮助数千万人摆脱贫困走向小康。

当传说成为现实

他带领的村民们只有手工工具和炸药。

他简直就是传说的化身，而且是真实存在的。可以说黄大发就是古代传说人物"愚公"的现代版。

中国有个成语叫"愚公移山"，讲的是在难以想象的困难面前仍然坚持不懈。寓言说，愚公的家和最近的村子之间挡着两座大山，出行极为不便。于是，他决定把山铲平。

另一位老人笑话他太傻。愚公回答说："子子孙孙无穷匮也，而山不加增，何苦而不平？"天神也为他的决心感动，于

第三部分　走出贫困 迈向小康

黄大发（左图正中）被称为"当代愚公"，也就是"愚公移山"那个故事里想要搬走山的老人。他带领贵州省草王坝村的农民，用手工工具在三座陡峭的岩溶山崖上凿出了长约10公里的引水灌溉渠道。

是帮他把山移走了。

　　而黄大发却没有享受到天神的眷顾，他所能依靠的只有纯粹的意志力。2017年我见到他时，黄大发已经81岁。他曾经是草王坝村的支书，用了整整36年，他说服了村民跟随他在三座陡峭的岩溶山崖上凿出了长约10公里的引水灌溉渠道。

　　这三座山峰挡住了贵州省遵义市草王坝村最近的水源地。干旱导致土壤像干透的油漆一样开裂起皮，居民们几乎喝不上水。

　　于是，就像古代的愚公一样，黄大发拿起铁锹，把不可能的事情变成了可能。这一过程不仅困难重重，更是险象环生。

　　为了修建水渠，村民们有时得从较缓的坡面攀爬到山顶，把绳子的一端绑在树上，另一端系在自己腰上，然后缘绳而下。在300多米高的山顶，黄大发是第一个把自己绑好，带头下峭壁的人。

　　"我要是不带头，就没人敢下去。"他告诉我说。53岁的村民黄斌春（音译）回忆说，即便是后来，有时也没人愿意下去。"我们最终说服了几个年轻人。这活很辛苦，也很危险。有时候，我们晚上就睡在崖上的山洞里。大家齐心协力，修好了水渠。"黄大发说。

草王坝的村民们花了大约十年修引水渠，包括在一座山上凿通隧道，但是未能把水引来。至今村民们仍然沿着这条隧道穿山，而不必翻越山头。

2017年村民们用手工工具在山里修路。

村民们花了大约十年埋头修渠，包括在一座山上凿出了100多米的隧道——然而这一切却徒劳无功。

他们的决心很大，可他们对引水灌溉的了解却很少。水并没有引来。至今村民们仍然沿着这条隧道穿山，而不必再像愚公那样翻山越岭。我就是这样进的村。

后来，黄大发在遵义的凤翔镇学了几年水利工程。他回到草王坝，恳请村民们再相信他一次。村民们同意了。1995年，水终于流进了村。

视频二维码

第三部分　走出贫困 迈向小康

在那以前，村民们得从早排到晚，从最后一口还没有干涸的井里打水，这只够他们最基本的生活所需。"其他水源都枯竭了。"村里的副支书徐周（音译）回忆说，"当时有条规矩，谁也不能打太多水，如果有人多打了一口，很可能有一家人就吃不上早饭了。这样的条件激发了我们的积极性。"

草王坝的地形让基础设施建设难上加难。

有时，大家还争吵起来。"能喝的水太少了。"徐周解释说。他从12岁起就帮着开凿水渠。"我家有半亩水田，旱季时干到脚都能踩进裂缝里。这个问题太严重了。所以，我们必须认真寻找解决方案。"他说。

黄大发和村民们都很清楚，摆在他们面前的只有两个选择：要么行动起来，要么坐以待毙。在悬崖峭壁上开凿水渠，何止是一场硬仗。而什么都不做的后果，比起村民们改造悬崖将面临的困难更为不可想象。

"只要我们能（为进步）做点什么，那就应该去做。"黄大发说，"我们不能干等着。可能什么事都还没做，我这几十年一晃就过去了。"

因此，他和村民们决定行动起来，即使赌他们失败的赔率像山一样高——而且还是三座山。

233

"我一心想要给草王坝引水。从那以后，人们就能吃饱饭了。吃饱了饭心里就踏实了。"

但是，黄大发为此付出的牺牲也包括了家人。他在渠上干活时，女儿和孙子相继去世。"他不在家，连姐姐临终前都不在。"儿子黄彬权回忆说，"如果他不在场，施工队不知道活该怎么干。"

最终，来到村里的不仅仅是水，还有提升的生活质量。

愚公和他的家人，就像黄大发和草王坝的村民一样，证明了一旦下定决心，不管有没有上天的帮助，都可以移山。

愚公被认为是个傻子，但我认为黄大发是一位智者。他的智慧在于行动，哪怕前景如此渺茫。

黄大发不仅有智慧，还很勇敢。当我也爬上悬崖，在水渠的边缘摇摇欲坠的时候，我才意识到这一点。有的地方水渠边缘只有几厘米宽。而一旦跌落，下面就是几百米的深渊。再加上悬崖上面有好几处悬空，沿着水渠边缘攀爬时，我的平衡感几乎不翼而飞。

只要走错一步，就会是最后一步。这是任何恐高症患者的终极梦魇。我最害怕高处。极度恐惧让我眼前多次天旋地转。说我更害怕死于恐惧而不是跌落，这只能算是半开玩笑。

关键是要不断往上爬，一旦停下来，地心引力就开始向下牵引我的心神。而在身体上，我的双腿已经化成了一摊泥。

的确，黄大发不仅有愚公的毅力，更有超越传说人物的勇气。愚公是顽强的，可他并没有爬下峭壁。

"愚公移山"是我到中国后学到的第一个成语。这个成语至今仍是我的最爱——在与真人版愚公相处了一个星期后，更是如此。

第三部分 走出贫困 迈向小康

真实村庄中的虚拟世界

嗷——！唿！砰！我在一座绳桥上摇摇欲坠，但还是勉力用弩向一头巨型霸王龙的尖牙利齿不断射出爆炸箭头。

突然，一团巨大的昆虫蜂拥而至，用它们的尖刺和利吻对我狂叮乱咬。

嗡！刺！咬！

这些虫子很难用箭对付。

视线的右方出现了一座摩天楼，一个食人魔！它的角被锯掉了。一条链子锁在嗓子眼上。

我很想知道接下来是否得跟这个大家伙拼个你死我活。但我永远也不可能知道了——因为我死了。

还好是在虚拟现实中。

实际上，我当时真的站在一座如假包换的木板桥上。而且我手中也真的紧握着一把如假包换的弩。不过这座桥就在一个房间里，是个用几英寸高的柱子撑起来的道具。而我的武器则是视频游戏的配件，发射的是数字信号，不是真正的利箭。

我当时正在参观位于贵州偏远的北斗湾的虚拟现实小镇。这是在山林间的村庄里进行的一项创新技术扶贫项目。

后来，我成了一个古代勇士，奋勇救出被劫持的公主。实际上，我戴着虚拟现实目镜，骑在一匹电动塑料马上。

接下来，我驾着一辆汽车，扔出一个个会爆炸的龟壳，把其他车辆炸得人仰车翻。而实际上，我戴着虚拟现实目镜，驾驶着一辆真正的碰碰车。

235

虚拟现实游戏、会跳舞的机器人和小丑们欢迎游客来到位于贵州麻郎村的北斗湾虚拟现实小镇。

这一切都感觉很真实,尽管我探索的世界充满了魔幻色彩。

这个地区陡峭的喀斯特山峰使得农业生产与地形一样不稳定。这个园区成为旅游胜地后,为昔日的农民提供了就业机会。

在这里,游客会遇到虚拟现实的龙和真正的机器人。街上游荡着一身动漫角色行头的村民们,他们大多举着动物气球,有些村民也在户外舞台上表演。机器人城堡里,微型机器人们踏着高科技音乐的节奏翩翩起舞。

麻郎村的这个游乐园已经成了一处虚拟现实技术的仙境,而它是在一个原本不宜开发的落后地方发展起来的。

自从2017年7月开业以来,这个景点几个月内就已经吸引了11万名游客。当地60名村民在这里担任清洁工、保安和导游。

这是我第一次看到基于VR（虚拟现实）技术的扶贫项目，更不用说与游乐园相结合了——特别是在这种此前村民与电脑几乎没有交集的地方。

我看着一位年迈的农妇，弯着腰拄着拐杖，从游乐园穿过马路，朝着山脚蹒跚而去，这让我陷入了深思。

她很可能从未用过电脑，但她实际上正走出改变着她的物质现实的虚拟世界。

游乐园已经成为当地经济的核心，它提供了比农作物更大的希望，也改善了她的生活。

在这里，幻想变成了游客的现实，而当地居民过上更好生活的梦想也已成真。

走出"一口刀"

"腰里别着一口刀，日起陡子上高毛，转过坳口到龙湾，日落万丈下凉桥。"

一口刀村的村民经常唱的这首歌，说的是去最近的小村至少也得一天以上。如今人们虽然还唱这首歌，但它的内容已经成了过去时。

一口刀村位于贵州省沿河土家族自治县，这个名字源于它的形状，仿佛一把刀横卧群山之间。喀斯特地貌造就的石灰岩山峰刀削斧砍，最高处达1170米，让这个村庄长期与外界隔绝。

贵州省的交通面临的挑战更多来自陡然增加的高度，而不

贵州省沿河土家族自治县的交通改善之前,坐船比走路要更方便。

是跨越经度和纬度。起伏的群山使高度比距离更成为发展的障碍。高高耸起的岩石将这个省切成无数小块,将发展的困难提到更高的程度。

但在村民杨桂红(音译)家里,墙上挂着的一组照片显示了2017年6月他们离开一口刀村搬到铜仁市以来生活的巨大改善。

其中一张照片上这位37岁的女士和全家人站在老房子前。另一张照片上,他们和其他村民一起扛着行李,走向全新的现代化公寓。最后一张则是全家人坐在新家的沙发上,喜笑颜开。

我采访杨桂红时,她已经和912位村民从中国最贫困省份之一的最贫困乡村之一搬到铜仁近半年。

政府给沿河、松桃等县的村民提供了免费公寓,每人居住面积达20平方米,还包括家具和电器。政府还给农民提供了就

第三部分　走出贫困 迈向小康

业培训，帮助他们找到技术工作。

来到城市后，杨桂红一开始当清洁工，每月收入1500元。在政府帮助下，她在一家当地的香烟厂当上了质检员，每月基本收入2000元，此外还有绩效奖。

"我们在一口刀时没什么钱可以拿来花。"杨桂红说，"光靠种地挣不了什么钱，只能勉强顾住吃喝。"

那时她和丈夫一个外出打工，另一个留在家里照顾三个孩子。杨桂红只上过两年小学，能识字但不太会写字。她丈夫在浙江打工，每年回一次家，一般都是春节时回来。

搬家后，他们17岁的女儿朱海璐（音译）已经习惯了新生活。

"她的老师和同学们都喜欢她。"杨桂红说，"一开始她说听不懂同学们的口音，不过孩子们学得快。她很快就有了好朋友。刚来头几个月，她一放学马上就回家。现在，她跟其他女孩一起逛街。"

由于朱海璐在山村长大，她在铜仁的班里比同学们大一岁。"通常17岁的学生已经上高二，但她还在高一。"杨桂红说。

朱海璐开始上学时已经8岁，因为从家去学校需要走一个多小时的山路。"那条路非常险。"杨桂红说。朱海璐已经在准备高考，她想当一名公务员。

杨桂红很感激城里生活的便利。"我们家离村子中心很远。"她回忆说，"要是生了病，我们得爬一小时山路去沿河镇的一个小医院。要是病得走不了路，家人就得把你抬下山。如果没有家人，只好找邻居帮忙。"

除了集中的公共设施，杨桂红也很高兴用上了自来水。"住在村里时，我们大概一周用木桶洗一次澡。"她的一位年长的亲戚好久才习惯用抽水马桶,她说。

居民们都认为搬迁改善了生活,不过一些挑战也随之而来。

铜仁市和沿河县的干部都参与了扶贫项目,帮助搬迁的村民适应城市生活。

"刚开始说服大家搬进城很难,毕竟他们世世代代都住在村里。"铜仁的一位公务员肖涵(音译)说,"他们对城里的生活有顾虑,帮助那些没有专业技能或没受过教育的人也很难。"

他说,村里的负责人走访了每户人家的长者,说服他们搬家。

"火葬也是一个讨论的焦点。很多村民想要葬在山坡上,跟亲人们在一起。他们害怕城里的火葬。"

公务员们还要面对语言障碍,来自不同定居点的移民听不太懂别人的方言。政府组织了赛龙舟和赛歌等活动来加强社区感。市政府也在考虑给移民提供菜地,缓解他们对脱离农耕传统的焦虑。

2018年,从周边地区搬来的村民给沿河县带来了建设热潮。

第三部分　走出贫困 迈向小康

朱永学曾在一口刀担任村支书长达30年之久,他觉得村民们的生计问题仍有待妥善解决。

"在铜仁找工作不容易。"朱永学说,"这虽然是城市,但只是个小城市,各种行业还在发展。从山里出来的人也还需要适应,有很多新规矩要学。"

很多移民的子女仍在适应新学校里更快的进度,不少孩子在学英语这样的课程时颇为吃力。

尽管如此,朱永学和同事们仍然说服了大多数中年人搬家。

现代化城市铜仁有很多传统风格的建筑。这座城市给易地搬迁的村民提供了更高的生活水平。

"我在村里算年轻人。"55岁的朱永学说,"村里20到40岁的人都出去了。"

60岁的邓在发(音译)留在了村里,虽然他的三个弟弟都搬了家。"他们说新房子好得很,有家具和自来水。"他说。

邓在发在一口刀开了个餐馆,面向游客。"我觉得这比种地挣钱多。"他说。他家有半亩薄田,此外还养了猪。

每年5月到7月的旺季,餐馆能给他带来1万到2万元的收入。

2011年村里通了柏油路后游客越来越多。以前从村里去思渠镇得走一个多小时,再去沿河县城还得花两个小时沿乌江坐船。乌江是贵州最大的河流。

2017年时，从村里去镇上只需要开车15分钟，去沿河则需要一个半小时的车程。到铜仁的300多公里路面也已经全部铺好。

处于崇山峻岭之中的一口刀一直以来都难以发展农业。村里可以耕作的土地只占全部土地的7%，不到150亩。而这些耕地中只有5%能生长小麦之类的庄稼，还需要大量用水。

于是村民们只好种些品质一般的玉米，自己吃之外也用来养猪。他们也把玉米挑到山外去换他们种不了的大米等食物。

在村里采访时，我遇到一对夫妇，正往一个木制烘烤桶里铲玉米。

他们说，他们家屋后有个秘密。

原来他们房子后面有个小地窖，里面果真有宝贝———些埋在土里的大陶罐，玉米正在里面慢慢发酵，变成白酒。我闻了闻成品，味道……很冲。

邓在全（音译）和妻子还没有搬到铜仁，因为他的手臂有残疾，他担心在城里找不到工作。过去四年来，他们靠酿酒供三个孩子在铜仁读高中。

"有残疾的人担心在城里没有他们可做的工作。"肖涵说，他负责帮助搬迁村民适应城市生活。"还没有专门为他们举办的培训。"他说。

邓在全一家在铜仁已经分到一套120平方米的现代化公寓，但这对夫妻每年只去大概五次。"我想在城里找到工作，就可以跟孩子们在一起。"他边说边在老房子前铲着玉米，玉米粒像火星一样飞溅开去，"但我们家主要的收入都要靠酿酒，进了城就做不了。"卖酒每年给他们带来4万到5万元的收入。

第三部分 走出贫困 迈向小康

中国政府宣布,将在2020年消灭绝对贫困。铜仁的搬迁项目和整个贵州省的基础设施建设可以看作中国扶贫工作的缩影。集中到铜仁这样的城市后,移民们可以享受先进的公共设施和便利的家居条件。

邓在全是一个局外人。中国消除贫困的最后几步工作中就包括帮助邓在全这样的人找到新的机会。我注意到,在那些得到政府的大力推进而迈向小康的地区,仍未脱贫的人时常为疾病或残疾所困扰。

邓在全和妻子在铜仁有一套公寓,但2017年时,他们还留在一口刀村。因为他的手臂残疾,他们担心在城里的生计。于是他们留在基本上没有别人的村里,在地窖里酿酒挣钱,供孩子们在铜仁上学。

邓在全一家的经济状况尚可,但如果他能在城里找到工作,就能搬到城里,享受那里的优越性——包括阖家团圆。

搬迁后,村民们把土地使用权转给一些公司,种植经济价值更高的中草药和花生等作物,而转出土地使用权的村民则成了公司的股东。肖涵说,在接下来的十年里,村民们将享有20%的股权,之后他们将恢复80%的控股。同时这些公司也雇村民们工作。

沿河县委副书记何支刚介绍说,另一个相似的计划已经将村民们的老屋改造成吸引游客的文化遗址。政府将开展旅游得到的部分收入分配给搬迁的村民，补充了他们的收入。

此外，铜仁政府也为每个搬迁户提供至少一个就业机会。杨桂红所在的响龙塘安置点服务中心已经帮助近90人找到工作，还给50多位居民提供了保安、建筑和家政等方面的职业培训。一些受教育程度较高的居民也主动帮助大家适应新生活。

响龙塘服务中心有三个主要的服务台，一个帮助低收入居民申请政府补助；另一个帮他们把农村医疗保险转入城市；最后那个帮助他们的子女在本地就学。

自从2016年响龙塘安置点主要设施竣工以来，已经有340户人家搬来，其中大多来自沿河县。这个社区里有诊所和便利店，公园里还有健身设施。幼儿园、超市、广场和文化中心都在建设中。

一口刀村民朱爱勇（音译）认为，搬到铜仁给他的孩子们带来了更好的未来，比他离开贵州到外面打工要好。听说搬迁的消息时，这位37岁的村民立刻从正在打工的江苏赶回贵州。

当时他的妻子正怀着第五个孩子。"生活在农村，就会有压力，那就是得生个儿子。"朱爱勇谈到妻子再一次怀孕时说，"我们其实不想多要孩子，经济压力大。要是早知道我们会搬进城里，我就不会一心想着生儿子了。"

在我采访他之前的一个月，朱爱勇已在响龙塘开了一家烤鱼馆。

当年朱爱勇刚上高一就不得不辍学回家帮忙。他父亲在外打工，母亲带着他和弟弟妹妹们。"上学要花钱，我不上学就可以去挣钱。"他在餐馆里告诉我说，"太可惜了。真希望当初我再多学一点，未来就能更好一点。我不会让我的孩子们也这样。"

朱爱勇曾经在广东一家可口可乐工厂上班，但他不得不辞去生产线上的工作。"那是我第一次用电脑。"他说,"我培训了一个月,但还是太难了。"

到外省打工拓宽了他的见识。"村民们一觉起来就种地,他们的一生就是务农,别的啥也不懂。"朱爱勇说。

他的两个女儿,一个5岁一个13岁,已经来到铜仁,另外两个女儿还在村里跟祖父母在一起。

"我希望能把她们也带进城。"他说,"希望她们能得到比我好的教育,希望她们能享受我做梦都想不到的好日子和机会。"

太阳能小康之路

"Your text here. Your text here."(这是你的文字。这是你的文字。)墙上印着这样的英文。我们下榻的农舍里,这些文字用艺术字体印在厨房墙砖上,就在英文单词"红葡萄酒"的下面,不过旁边并非酒杯的图片,而是咖啡杯。

可能是因为语言不通,没有人在模板中插入定制的文字——或许他们不知道自己可以并且应该这么做。我猜想,房子的主人到现在都不知道他们的墙上究竟写着什么。不过不管怎么说,他们很高兴能拥有一个现代化的住所。

这是最近为村民们建造的住宅之一,大部分村民仍然住在传统的砖瓦土坯房中。这个社区的年均收入在6000元左右,而这些新房每套售价约为3万元。

2017年,我们的新媒体团队前往河北省张家口市远郊干旱的德胜村,报道扶贫举措如何将干旱天气的劣势转化为优势。

太阳升起 "美国小哥"见证中国扶贫奇迹

2017年以前,河北省张家口市德胜村大部分房子都是砖和土的混合建筑。长期干旱加剧了这里的贫困。政府已在这里建造了现代化的小别墅。2022年张家口将与北京一起举办冬季奥运会。

  太阳能发电站前,被干旱炽烤发硬的泥地上,绵羊蹄子敲出了一排排分叉的小坑,直到分叉碎裂崩落。太阳能电池板给风景镀上了一溜金属边,它们旁边是一排排温室大棚,后面则是风力涡轮发电机,像巨大的风车一样旋转着。

  这样一幅图景很好地概括了德胜村的状况:干旱是阻碍这个村发展的最大难题,而太阳能发电则是一种很好的解决方案,它已经大大改善了当地人的生活质量。

  德胜村的村民们收获的是太阳能农场的光照,以及温室大棚里的良种土豆,他们由此找到了新的繁荣之路。

  太阳能农场让无雨的天空由祸害变成了福气。没有降水,就意味着阳光充足。而温室大棚保护了耐旱的土豆,使其免受夏季每天从35度突降到7度的巨大温差,以及冬季低至零下35度的严寒。

  我们是来报道社区抗旱工作的。然而,下起了雨。这一年以来的第二场大雨。雨很快就过去了。然而,这似乎还是很有

第三部分　走出贫困 迈向小康

视频二维码

讽刺意味。降水吸走了空气中的热量。气温突然从35度降至8度，当晚气温降得更低。

"我们这儿十年九旱。"村民胡文斌告诉我说，"干旱让我们生活艰难。是技术解决了这个问题。"

以前，胡文斌的主要工作是给村委会办公室打扫卫生和看门。2017年，他主要负责维护前两年建成的两个太阳能发电站。

"只要有太阳，我们就可以用太阳能发电。"胡文斌说，"对我们来说，这就能挣到钱。"

这些电池板一年发的电价值约为80万元人民币。德胜村以每度（千瓦时）1.08元的价格出售电——与全国均价0.5元相比，德胜村的售价是有补

德胜村干旱开裂的泥地上，绵羊蹄子敲出了分叉的小坑。

2017年，村民们在大棚里种植耐旱高产的土豆，收入大大提高。

247

贴的。

"这些钱属于全体村民。"村支书叶润兵说,"这也会给没有脱贫的村民提供更多帮助。"

这笔钱为所有村民支付了基础设施和医疗保险的费用。村里413户中,有14户仍处于贫困线以下,他们得到了额外的福利。这些贫困户的年收入在3000元左右。叶润兵说,全村的平均收入是每户每年6000元。

"这里很干燥,所以我们能把阳光变成金子。"胡文斌说,"我现在一心扑在太阳能电池板上。如果这些太阳能板不工作,每天就要损失700多块钱。冬天的时候,我去把雪擦掉。不然的话,它们就不干活了。我们得让太阳能板尽量多晒阳光。"

靠这份工作胡文斌每年挣3600元。"(它)让我保持活跃。"他说,"我身体很好。"不过他妻子不是,她的关节需要治疗。

在他的收入之外,夫妻俩还能从太阳能电池板的收益中获得高达3000元的补贴。"我很知足,我很开心。"胡文斌说,"这笔钱很稳定。我们有保障了。"

但这位天津人以前并不满足于德胜村的生活,尤其是10岁那年刚搬到这里的时候。"刚到这儿,我立马就哭了。"胡文斌回忆说,"真的太穷了,冬天冷得要命。我一直说,'我要回家。'现在,我不想回天津了。"

他回忆说,暴风雪有时覆盖了整个房子。"我们分不清是白天还是晚上,因为积雪挡住了窗户。牛和羊能踏着积雪走上屋顶。它们的蹄子一下就能踏穿屋顶。牲口受了伤,屋顶也踩坏了。"

即使是暖和的季节,巨大的温差也让作物难以存活。"也没有足够的草来喂牲口。"胡文斌说。

他回忆说,夏天还有沙尘暴。于是,政府就种上了树。

第三部分　走出贫困 迈向小康

德胜村的日落。太阳能已将干旱的天气变成了村民们新的收入来源。

"树挡住了沙尘暴,可是后来干旱又来了。"

由于气候原因,种什么都很困难,直到最近兴建的温室大棚使农作物免受温度变化之扰,村民们才得以种植"德胜"土豆,这个注册品牌来自他们村的名字。而且温室大棚的环境可以保护植物不受虫害侵扰,也就不必打农药。

我去采访时,大约280个温室大棚占地约20公顷。那些由政府补贴修建的大棚,每年的租赁费用约为1000元。

村民徐海成把"德胜"土豆称作"金豆豆"。他家可以种植20万株土豆,每个大棚每次收获就能带来6万元收入。第一年种下的土豆,要到第三年才能有收获。入冬时,必须挖出土豆,入窖过冬。

他家有13个温室大棚,其中6个得到当地政府的补贴。另外几个由徐家自付全部费用的大棚还在建设中。他以前种过莜麦、亚麻、土豆和甜菜等耐寒作物——但那时只能看天吃

249

饭,盼望着风调雨顺。"没有温室大棚,农作物很容易受到侵害。"徐海成说。

2016年他的收入是4万元,而2012年时还不到5000元。"(当时)刚够糊口。"他在家里告诉我说。近几年来,他每年需要支付4.2万元以上的医疗费和女儿的学费。徐海成估计,2017年他能挣到10万元。

王先宇(音译)一家也面临着类似的情况。"我们的收入都花在了看病上。"这位72岁的老人告诉我说。

2016年,这个家庭大概从政府和租赁给其他村民的约一公顷土地中获得了5000元收入。但他们的医疗费大概得1万元。

"我以前养牛羊、种庄稼。"王先宇说,"现在干不动了。"

他和63岁的妻子马友玲(音译)患有糖尿病、高血压、脑梗等10种疾病。

他们有一儿一女,但都已搬离德胜村,而且他们的女儿也没有工作。"没有儿女在身边,我们更穷困了。"王先宇说,"我们在村里没有亲戚能帮上忙。生病以前,我们挣的钱都快能脱贫了。"他们希望太阳能电池板带来的资金能继续改善他们的状况。

技术和创新正在改变德胜村的生活,将以前困扰他们生计的恶劣天气变成了收入来源。

村民们正在为外面的世界生产清洁能源和天然蔬菜。通过农业科技,他们收获着繁荣,用太阳能创造更光明的未来。

或许,这一发展战略的成果,才是印在德胜村住宅墙上的真实写照。

第三部分　走出贫困 迈向小康

麻风村一课

徐小童想去上学，于是他的邻居召集其他村民放火烧他。

"我和其他孩子一样渴望读书。"2015年，在浙江的一个麻风村见到65岁的徐小童时，他告诉我说。那个放火烧他的女人害怕被他传染。那个年代，这样的恐惧比疾病的传染性更强。

自那以后，徐小童已经自学成才。他不仅能读书，还能写歌词，而且能用二胡作曲。当时，徐小童正在准备护士资格考试。

"最近我回了趟乡下老家。"他说，"人们都很善良。我从未考虑过到社会上生活。这里就是我的家。"

这个家就是浙江省德清县的麻风村，由浙江省皮肤病防治研究所上柏住院部管理运营。这里一共住着84名病人，其中大部分是老年人。他们的残疾都是在有效治疗之前的年代落下的。

"现在最大的问题已经不是麻风病本身，而是治愈后的残疾和毁容。"研究所所长严丽英说，"因为皮肤问题，他们仍然需要护理，比如说溃

2015年，浙江省德清县一个麻风村的病人们在互相交流。

2015年，包括医护人员在内的15名员工在这里照顾84位患者，他们平均年龄75岁。由于残疾，他们平均在麻风村已经度过了30年。

一位已故的患者虽然失去了双手，却学会了传统国画和书法，他用嘴叼着笔，或者用手腕弯曲处握住画笔创作。

疡、不能出汗等问题。目前没有新发患者，新确诊的患者都是在家里或当地医院吃药治疗。"

住在这里的病人平均年龄75岁，他们平均在这里待了30年。由于身有残疾，他们需要15名医护人员护理治疗。近年来感染这种病的患者中，很少再有人落下残疾。

如果不是每隔五分钟就滴一次眼药水，他们就会失明。睡觉时他们必须戴着特殊的眼罩。他们的视力都有缺陷。

导致麻风病的细菌也会破坏控制人眨眼的神经。医护人员将旧时代幸存者从来不眨的眼睛称为"爬虫眼"。病人通常戴着墨镜和棒球帽来保护视力。

其他的残疾还包括趾骨吸收、截肢、手指内卷，以及精神疾病等。

徐小童宿舍墙上最显眼的位置挂着三幅技艺精湛的画，是一位已故的舍友创作的。他失去了双手，却能用嘴叼着笔，或是用手腕弯曲处握住画笔。这三幅画真是太神奇了！

徐小童的父亲在他4岁时去世了。两年后他的皮肤开始出现红斑，但过了三年才被确诊。"我母亲当时很震惊，也很害怕。"他回忆说。

9岁时他被送到了麻风村。那时候他还太小，生活不能自理。一个月后，他又被送回了家。药都是邮寄给他的。1974年，他21岁的时候又回到了麻风村。

这位作曲家创作了20多首关于麻风病的歌曲，比如《麻风患者把歌唱》《温暖的阳光照我心》《麻风天使颂》等。疗养院周边村子里的孩子们都来拜徐小童为师学习二胡。

"周围的村民有时候请我们吃饭，他们也会来这里吃饭。"徐小童告诉我说。村民们还派车接他去参加当地的婚礼。

这个研究所最早始于1887年。1956年成为德清市第一家正式医院，当时医院有500多张病床。从这家医院正式成立到2014年，浙江省共记录了16785例麻风病患者。2015年我去探访时，全省大约有250位患者居住在12个治疗村里。

直到20世纪80年代，患者们还过着与外界隔离的生活。那时候，医生们工作时也还得穿上保护服。新中国成立前，麻风病患者经常遭到被活埋的命运，或是被放逐荒野自生自灭。近几十年来，更好的诊断和治疗方法使更多病人在致残前就能治愈。

1985年，中国开始使用世界卫生组织向成员国免费提供的药物。此前，中国使用的是传统中药，据说可以缓解疼痛，减缓疾病恶化，但无法治愈患者。

2011年，浙江开发了一个省级皮肤病数据库，以便及早发现症状。如果患者的体检表上有项目符合病症，就会收到通知去检测。在浙江，患者通常在发病16个月内就被诊断出来，而在全国范围则需要两年时间。2014年，全浙江省仅有25名患者确诊。"由于我们发现得更早，成为残疾人的患者更少了。"严丽英解释说。

中国有11万名麻风病致残者，治疗中心主任王景泉（音译）说。"大多数人没有得到足够的照顾或补贴。"他说。

王景泉说，政府已公布了未来几年内消灭麻风病的计划。"这是一项艰巨的任务，一些患有这种病的人仍在偏远山村。"他说。

麻风病患者如果不及时治疗，不仅会致残，还会毁容。严丽英说，研究所约有70%病人的面孔明显是被病魔塑造出来的。

患者在治愈后，因为残疾和经济困难等因素，都留在了治疗中心，和朋友们待在一起。

政府让那些由于身体、年龄和歧视等原因而不能外出工作的患者免费居住。政府支付了所有的医疗费用，补贴了空调、电视等生活设施，每月还提供745元福利。

患者们还接受了心理治疗，抑郁症是最常见的精神疾病。大约有10名患者经常攻击医生，甚至用棍子殴打医生。

"因为他们，我晚上得把门锁上。"王景泉说。

工作人员试图在患者暴躁起来时哄他们吞下药丸。如果他们不吃，只好给患者打针。"一针能让他们睡个两三天。"王景泉说。

但大多数患者都很满足，甚至很高兴。"这里的生活很好。"一位姓顾的病人说。他在17岁时确诊。他的哥哥和姐夫用一张床抬着他，翻山越岭走了三天才到了治疗中心。

"我听说只要进来的人就没有谁能出去的。可是医生和护士们都很好，他们给我铺床，给我送饭菜。我姐夫说我过得比

第三部分　走出贫困 迈向小康

他强。"

麻风村的患者当中已有两对在婚姻中找到了快乐。还有一些患者与附近村庄从未得过麻风病的人结婚生子。2001年《婚姻法》修改后，未治愈的麻风病人也可以结婚了。

在我遇到蔡海秋（音译）时，她的丈夫唐金初（音译）已经90岁，29年前唐金初向她求了婚。"他说：'让我来照顾你吧。'"70岁的蔡海秋

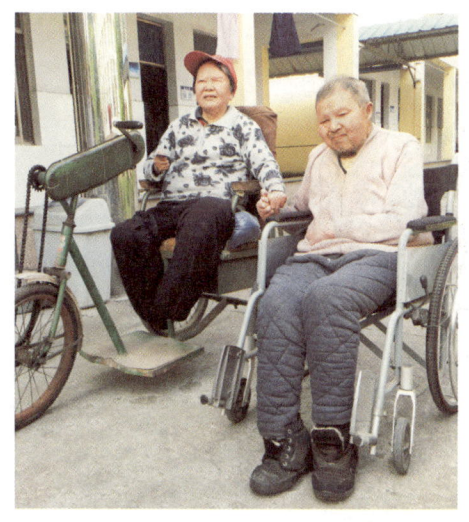

2015年我遇到蔡海秋时，她的丈夫唐金初已经90岁，29年前唐金初向她求了婚。70岁的蔡海秋有个爱好，背诵每个她遇到的人的电话号码。

回忆说，"我卧病在床的时候，他照顾我。那时候他比我强。他虽然残疾了，但能画画、能唱歌。"

到了2015年，蔡海秋的身体好转起来，可以照顾丈夫了。蔡海秋在院子里骑着一辆特制的三轮车，靠着双手推动车把旁边的踏板歪歪扭扭地绕着圈子，她的双脚大部分都没有了。还有就是唱歌，她经常说着说着就唱起来，有时她的丈夫也会加入进来。多么可爱的一对老人。

蔡海秋还有个爱好，就是背诵每个她遇到的人的电话号码。她要了我的电话号码，背了下来，然后她发现我是个美国人，就请我跟奥巴马总统说，应该增加对麻风病患者的援助。

他们房间里挂着一张海报，上面是这对夫妇一年前庆祝结婚纪念日的照片。她说，自己在少年时期就染上麻风病，26岁

255

蔡海秋和唐金初的宿舍墙上挂着他们庆祝结婚纪念日的照片。

时来到治疗中心,与丈夫的相识是唯一的一件好事。

"我希望外界多了解一点有关麻风病的事,认识到它其实并不可怕。"徐小童说,"大家应该对我们一视同仁。"

在这一点上,公众做得越来越好。"现在,卖菜的人都来了。"严丽英说,"专业的理发师不给他们剪头发,但大学生志愿者会来。"

麻风病患者能在中国社会得到更大的认可,每位患者都会举出同样的理由——美国医生马海德(Shafick George Hatem),他在中国参与了麻风病的研究工作。马海德也是新中国第一位获得公民身份的外国人。

"我很感激他告诉中国人,麻风病是可以治好的,不要怕麻风病人。"郑建松(音译)说。

49岁的郑建松是治疗中心最年轻的居民。他11岁确诊,26岁时治愈——不过为时已晚,他未能保住双脚。

"治好后,我回到了村里。"他说,"医生告诉村里的干部,这病不会传染。但周围的人还是拿那种眼神看我,邻居们都害怕我腿上的溃疡。"

郑建松曾在村办工厂上班。"因为脚不行,我没别的法子,只能来这里。"他说。

他在治疗中心的洗衣房工作,每月能多挣几百元钱。

"我希望出现症状的人及时就医,不要沦为残疾人。"郑建松说,"只要不残疾,他们就还可以工作。"

第三部分　走出贫困 迈向小康

阅览室里，坐在他邻桌的人还没有治愈。"他的皮肤很黑，因为他在吃药。"王景泉解释道。他从棒球帽下的墨镜后面打量着外界。这种打扮相当于这里很多居民的"制服"。

郑建松11岁时就出现了症状，但被误诊为肾病。他望着远方，回忆起自己来到治疗中心的那一天。

"那一天，我记得再清楚不过了。1983年1月8号。天下着雪。我看到了那些患者，赶忙躲到我妈身后。我以前从没见过那样的人。"他说，"我以为这辈子就这么完了。我想过自杀。但是医生和护士们都很好。几个月后，我就挺过来了。我不是一个想得太多的人。"他回忆说，当年工作人员对待他们的态度都不一样。

在治疗中心长达半个世纪的生活中，张彩宝（音译）见证了最大的变化。已经91岁的张彩宝29岁时确诊，十多年后来到麻风村。

"我从来没有回过家。"张彩宝说，"我不回家是因为我儿媳身体也不好。他们家住在楼上，我没法爬楼梯。"她用的是轮椅。

随后，张彩宝抱怨说，她的眼睛很疼。护士给她点了眼药水。

"我对生活很满意。"她继续说道。她的曾孙不久前刚来探望过。

不过很多患者的家属几乎无视患者的存在。"有的家属一年了都不来看看。"护士潘美儿说，"他们不理解。"

治疗中心主任王景泉也曾在妻子的反对声中挣扎过。但他认为，人们应该向患者学习。

"他们的生活很艰难，也很挣扎，"他说，"但他们很乐观。我们可以从他们的希望中学习。"

鸸鹋奔驰在内蒙古草原上

提起鸸鹋，大多数人想到的是澳大利亚荒凉的内陆，而不是内蒙古的草原。但是2012年，正是在中国北方枯萎的草原上，我遇到了这些不会飞的大鸟。

为了减轻内蒙古自治区阿拉善草原的荒漠化，政府采取了限制放牧措施。奥伊斯嘉（OISCA）阿拉善沙漠生态研究中心，一家来自日本的非政府组织，正试行一个用鸸鹋替代绵羊的项目。这既减少了过度放牧，又能帮助蒙古族牧民增加

2012年，内蒙古自治区阿拉善盟的草原上，蒙古族牧民养鸸鹋来增加收入，同时减缓沙漠化进程。这些大型鸟类不会破坏草原植被，比羊生长更快，其肉、皮、羽毛、蛋和油都具有很高的价值。

收入。

这些巨大的鸟类可以长到2米高,重35公斤。当地的绵羊有20至30公斤——这取决于它们能获得多少食物。随着腾格里、巴丹吉林和乌兰布和等沙漠不断吞噬阿拉善草原的植被,这些绵羊的食物越来越稀缺。

"一头鸸鹋的肉要比一头绵羊的多一些,但鸸鹋产业对环境的影响要小得多。"奥伊斯嘉项目官员吴哈斯解释说。

羊肉在当地的售价为每公斤50元至60元,而鸸鹋肉则可能高达每公斤100元。整个阿拉善地区有66头鸸鹋。但是这个项目需要500头鸸鹋才能保证可持续的宰杀。

吴哈斯认为这大约需要五年。这些鸸鹋三年前从广州和兰州买来,数量已经翻了一番。但是大约有60头鸸鹋因照顾不当而死亡。

这个非政府组织计划将鸸鹋孵化后(鸸鹋蛋孵化约需55天)交给牧民和牧场主,再过18个月鸸鹋长大后回购它们。

然后,这个组织将负责宰杀鸸鹋,将肉类作为食物出售,油脂可用于化妆品,其皮革是一种豪华配饰,而羽毛则是很好的服装保温材料。他们仍在研究定价。

在广州、北京和上海销售的最有价值的鸸鹋肉产品是胸肉、肉干和香肠。鸸鹋的每个羽茎上都长着两根羽毛,这使得它们的羽绒比大多数鸟类的羽绒更为保暖。尽管鸸鹋从澳大利亚炎热的野外进化而来,但有了这样的羽毛,它们也能忍受阿拉善草原零下40摄氏度的凛冽寒风。

垒球大小的鸸鹋蛋被用来制作手工艺品,在广州还被做成鸸鹋蛋糕。"中国市场上没有多少鸸鹋肉。"吴哈斯说,"人们购买它主要是想尝尝鲜。"

不过这种巨型鸟类不仅对中国的超级市场很陌生,就是对中国的生态系统也很陌生。专家担心它们可能会变得野性难驯。

"这是我们最大的担忧。"吴哈斯说,"它们喜欢回到圈栏里吃谷物,就像鸡一样。"但是第一年跑了几头鸸鹋。"我们找回了几头,还有一些没找到。"吴哈斯说,"几年后,有一头鸸鹋出现在了公园里。"

不过,由于鸸鹋不会过量进食,并且具有抗病能力,野生鸸鹋不太可能对内蒙古的生态环境构成威胁。项目养殖基地的鸸鹋群只能在室内区域高高的围栏里面徘徊。

奥伊斯嘉日本国际合作部参事木附文化解释说:"即使鸸鹋逃脱了,它们在阿拉善野外繁殖的机会也很少,因为它们的数量很少,人们很快就可以捕获它们。"

"显然,鸸鹋无法在阿拉善的野外生存。实际上,许多逃脱的鸸鹋都被捕获了,其他一些则自行返回了养殖基地。就算在不太可能的情况下鸸鹋增加了几千头,那反倒可能是件值得庆祝的好事,因为这种上万年前就已经在欧亚大陆灭绝的鸟类现在又回来了。"

数百万年前,几种不会飞的大型走禽曾在这个地区漫游,其中包括维氏鸵鸟、孟氏神七鸟、淅川中原鸟和临夏鸵鸟。据信,大约一万年前冰河时代末期人类到达中国后,亚洲鸵鸟就灭绝了。史前的中国陶器和石刻上就有鸵鸟图形,有人认为这启发了凤凰的形象。

2012年,吴哈斯在奥伊斯嘉阿拉善沙漠生态研究中心全年照顾这些内蒙古的鸸鹋。这是位于市区外沙漠中的一个孤独的院子。他说:"这不算一种糟糕的生活方式。"

这时,其中一只大鸟开始"拥抱"我。

"哦!我觉得它喜欢你!"吴哈斯笑着说。然后这家伙开始"亲吻"我的相机,刮擦镜头。实际上,这家伙啄起来可一点也不温情脉脉。

乌兰巴图尔是当时唯一一位养殖鸸鹋的当地人。这个非政府组织选择了这位55岁的蒙古族汉子来饲养3头鸸鹋,以测试项目的可行性,因为他已经饲养了约600只鸡。这些家禽每年为他的七口之家带来约2万元收入。

"我以前不知道这些动物适不适合这个地方。"乌兰巴图尔说,"它们挺适合。它们有抗病能力,比养鸡还强。"那一年,因为鸡瘟,乌兰巴图尔损失了约130只鸡。

他卖鸡的价格是每公斤40元左右,还不到鸸鹋肉价格的一半。"我希望能养更多的鸸鹋。"他说,"这是个好营生。"

大约20年前,乌兰巴图尔还在养羊,但他的草场退化成了沙漠。他告诉我:"我没有草拿来喂羊了。"此时我们正在他的土坯房里,我嚼着这辈子吃过的最坚硬的面包,就像咀嚼软木塞一样。

"所以,我养起了鸡。我可以给它们买饲料。无论如何,饲养家禽要好得多,对环境也更好。更何况,我不用整天在寒风里放牧了,尤其是在冬天。"

乌兰巴图尔说,他们家曾经种过水果。很难想象这片沙丘曾经草木繁盛。但是确实如此。他说,他的家早已不是他童年长大的地方了,即使他从未搬出他的土房子——这里没有上下水,全靠太阳能电池板供电。

阿拉善地区的人均年收入约为3000元人民币,但是6万名带着蒙古包游牧于草原和沙漠中的牧民收入要低得多。随着不断推进的荒漠蚕食植被,牧民的收入也在不断缩水。

乌兰巴图尔认为,腾格里沙漠吞没了他的土地有很多原因。"这不仅仅是由于过度放牧。"他说,"工业化、污染和气候变化——还有好多我不知道的原因。"

不过他还是对未来充满了希望。他告诉我："养鸸鹋可以让沙漠重新变回草原，就像我一生中大部分时间的样子。"

"养羊比养鸡更有利可图，但是养鸡对环境更有好处。养鸸鹋同时有这两个优点。它们可以帮助我们复兴草原，让我们比以往更加繁荣。"

给荒漠和男人重注活力

2012年，事实证明，种植肉苁蓉———一种中药和日本汉方药中用作治疗男性性功能障碍的草药——对减缓沙漠吞噬内蒙古大草原至关重要。

肉苁蓉在中国作为补药已有千年历史，据信可以治疗阳痿、射精困难、腹股沟和膝盖伤以及不育等症状——基本上，任何可能困扰男人那个地方的问题。

传说肉苁蓉的健康益处是由神农氏记录下来的——这位传说中的草药师和神医据说生活在5000年前，是所有中国人的祖先（他经常被描绘成头上有角，据说还发明了农业和箭术）。

肉苁蓉寄生在梭梭树的根上，而梭梭树是一种用来抵御沙漠化的植物。经过十年时间，内蒙古阿拉善地区已经种植了上千公顷的梭梭树，沙漠化速度终于有所减缓。

从2007年至2012年，大约有60名由牧民转型的农夫通过奥伊斯嘉（OISCA）组织的梭梭树项目种植肉苁蓉这种经济作物，这个项目提供了种苗、资金和技术。

第三部分　走出贫困 迈向小康

在与沙漠的鏖战中，政府曾尝试过用"种子风暴"广种薄收的战术，也曾竖起围栏阻止羊群啃噬所剩无几的草原，而种植梭梭树和肉苁蓉似乎是一种更为有效的策略。

参与肉苁蓉项目的当地人收入比以往任何时候都要高。他们一年能挣上万元，往往是以前的几十倍。

肉苁蓉需要三年的时间才能成熟。新鲜的肉苁蓉可以卖到200元一公斤，干的则可以卖到240元。

迫于自然条件的变化，牧民们不得不放弃许多世纪以来的游牧生活方式，这种背景下梭梭树种植得以扩大。由于牲畜的食物来源消失，加之环境的破坏迫使政府施行限制放牧的规定，传统的生计已无以为继。

盛云才（音译）多年前靠养羊每年收入约为3000元。2000年左右，沙漠完全吞噬了他的草场。"我们的牲畜没有东西吃。"2012年我见到这位40岁的蒙古族汉子时，他告诉我，"我们不知道怎么办，不知道怎么活下去。"

以前在内蒙古阿拉善盟放牧的农民现在种植梭梭树来抵御沙漠化。他们也收获寄生在梭梭树根上的中药肉苁蓉，传统医学认为肉苁蓉可以治疗男性性功能障碍。

肉苁蓉。

过去十年来，他种了约300公顷的梭梭树，在梭梭树的脚下种上了肉苁蓉。"为我们的环境作贡献是件好事。我的大半辈子这里都还是草原。"他说着，向着跌宕起伏直到地平线尽头的沙漠挥挥手。

盛云才很怀念以前的草原。现在大片荒原上只有他家这一座孤零零的房子，周围除了他的梭梭树种植园，再没有别的生命迹象。这是漫天黄沙中一座绿色的孤岛。

"这不光是我们这儿的问题，"盛云才说，"这是全国性的问题。"

实际上，这是一个全球性的问题。西伯利亚的风推动着阿拉善的沙尘，不仅仅是北京这样的中国城市，甚至连美国西部的城市也被吹得沙尘滚滚。

盛云才认为梭梭树应该是一个很不错的解决方案。它不仅恢复了他的土地，还使他每年种植肉苁蓉的收入比养羊的3000元翻了5倍。

"我的土地又回来了。我们做梦也想不到我的收入能多那么多。我们家的生活水平比我们想象的要好多了。"

盛云才将自己种的肉苁蓉卖给内蒙古曼德拉沙产业开发有限公司，通过与天津大学合作，将肉苁蓉加工成白酒。

"这样的种植业比放牧的收入要高，也是比较好的工作。"盛云才说，"当牧民时，我每天只要一睁眼就得顶着寒风出门，没有别的办法。而种梭梭树不需要花太多心思。我一年只需要花四个月照顾种植园。"业余时间里，盛云才当司机，每月还能挣4000元左右。

住在盛云才家附近的另一位蒙古族人吴兰蔻（音译）也希望从放羊转为种植梭梭树和肉苁蓉。但吴兰蔻说，他没有足够的土地来养家糊口。六年来，他已经种了半公顷梭梭树，但还没有种上肉苁蓉。

他曾养过200头绵羊的草场在20世纪90年代中期就已彻底消失。而按照政策规定，他明年就不能再养牲畜了。

"我们完全不知道该怎么活下去。"他说，"不过我支持政府的政策，必须挡住沙漠。不论怎么样，我们都会失去羊群——如果它们没饿死的话，留着这些羊也违反了政策。至少执行了这个政策，草原还有机会恢复。"

吴兰蔻说，他以前从外面买来饲料喂养他的190头羊，但再也养不起了。"我们破产了。"他说，"我们除了放牧也不知道怎么挣钱。"

奥伊斯嘉项目官员苏立德（音译）解释说："我们尝试了几十种扭转荒漠化和恢复草原的方法，结果喜忧参半。梭梭树项目是最成功的。它的好处是提高了当地人的收入，这可能是牧民们渴望加入的原因。"

养殖鸸鹋的乌兰巴图尔还照管着24公顷的梭梭树。他认为，这种做法可以控制危机。

"通过这样的创新，我们能把沙漠变回草原。"他说，"而且我们的生活会比沙漠到来之前更好。"

的确，不管是人还是沙漠，梭梭树都正在恢复着他们的生育力和生命力。

太阳升起 "美国小哥"见证中国扶贫奇迹

关于排泄的严肃话题

2018年12月,比尔·盖茨在北京的观众面前举起了一个小瓶子。

"十年前,我不知道自己能跟大家讲这么多关于大便的事情。"他说。

这位地球上的首富之一举起装有人类粪便的玻璃容器,部分原因是要指出这样一个事实,尽管厕所对地球人来说具有极为重要的意义,但讨论这个话题的禁忌实际上导致超过半数以上的人类至今仍然缺乏基本卫生设施。

正如他所指出的,这一事实不仅使全球每年损失的生产力和工资估计达2230亿美元,也导致每年50多万5岁以下儿童的死亡,更不用说大规模的营养不良。

诚然,任何涉及发展问题的严肃讨论,都无法避开有关排泄的话题。

在"新世代厕所博览会"上,盖茨指出他手里的这瓶人类粪便样本中,含有约200万亿个轮状病毒颗粒、200亿个志贺菌和10万个寄生虫卵等病原体。

他相信,城市化和缺水意味着疾病问题可能会在全球范围内加速发展。

比尔及梅琳达·盖茨基金会已拿出2亿美元,资助创新者开发能够杀死病原体,并且将废物分解成清洁水、电力和肥料的万能处理器。博览会上展示了他们的创新成果。盖茨承诺在未来几年内将再捐出2亿美元。

第三部分　走出贫困 迈向小康

他说，中国是这次活动的理想东道主，尤其是因为中国在2015年启动了"厕所革命"。

"近几十年来，中国在改善数百万人的健康和卫生状况方面取得了巨大进步。"盖茨在活动上说。

"习近平主席倡导推进的'厕所革命'凸显了中国加快推进安全卫生的承诺。而且中国有机会帮助推出创新的无水箱卫生解决方案，这将使全球数百万人受益。"

我在中国农村旅行的时候，经常不得不在露天方便。我用过几百个没有自来水的厕所。有时我也用过桶。

2010年青海玉树地震后，玉树州政府所在地市区街角一个用胶合板搭成的厕所。今天这个小城有了可以冲水的干净公共厕所。

也许最让我难忘的那个"马桶"是在贵州省，悬崖边一棵树的树杈上拼着四块木板，这个框架上放着一个旧轮胎。为此我不得不克服恐高症。

2011年我开始在青海叶格乡开展志愿者活动，两年多后，那里才有了第一个厕所。在那之前，有一次我去了镇外的一片垃圾堆，一头牦牛正在里头

2011年，青海玉树叶格乡的人到小镇边上一个无人管理的垃圾堆方便。后来的厕所不仅改善了卫生状况，也提高了安全性，因为野藏獒和熊以前会到垃圾堆找食物。

东翻西找。

叶格乡的头一间厕所是带屋顶的砖头结构，挑空架高的水泥槽直通下面的地面。

可问题是，镇上的人也把这里当成了垃圾场。人们丢在这里的厨余垃圾和宰杀动物的下脚料给附近的小学引来了野藏獒和熊。因为害怕动物袭击，日落后不允许孩子们来这里。

不过现在牧民们都已学会妥善处理垃圾，缓解了人与野生动物之间的矛盾。但是游牧地区的牲畜和野狗等野生动物意味着这里也有大量的非人类粪便。

几年前，我们帮助过的社区里，几个孩子不幸死于发烧。

我不能肯定地说，这就是缺乏卫生厕所的直接结果。但这并非没有可能。

所以，是的——是时候让全世界都来讨论一下厕所问题了。

在西藏，一切皆有可能

精酿啤酒。红酒。菠萝。

牦牛肉汉堡。汉堡王。哈雷戴维森摩托。

很少有人会立即将这些与西藏自治区联系起来。

相反，许多人想象中的西藏可能是绵延的雪山脚下，牧民赶着大群牦牛。这也不算错。这样的传统生活不仅还能在西藏看到，而且还在兴盛发展之中。

第三部分　走出贫困 迈向小康

西藏自治区走向现代化的同时传统也得以保留。

不过，这种传统生活的发展早已与基础设施、创新和经济增长等发展维度相交织，更不用说国际化了。

你可以在拉萨不止一家五星级酒店里点上一客牦牛肉汉堡。一进酒店大堂就是哈雷戴维森专卖店，迎来送往进出宾客的是一排高端定制摩托车。它们的引擎没有打开，但仅仅是这些大家伙的存在就足够让人震撼了。

或者，你也可以到汉堡王用餐，但要注意的是，汉堡王位于这座城市古老的八廓街旁边，而不是在八廓街上。

2016年，温室大棚使得包括热带品种在内的蔬菜水果都能在"地球第三极"上生长。

摩托车和汉堡会让人想到西藏的过去和未来与这个地区今天在世界上的位置之间的交集，特别是考虑到西藏在"一带一路"倡议中充满未来潜力的关键地位。不过，话说回来，我在拉萨连吃个三明治的时间都没有。

我倒是买了一袋袋的牦牛肉干和牦牛奶糖，准备那年回美国密歇根州老家的时候送给亲朋好友。2016年我买这些特产时用的是现金。而到了2019年，我用的是微信付款。

的确，自治区在走向现代化和国际化的同时，仍然保持着当地的传统——这有时真的令人惊讶。这不是古老与现代迎头相撞的地方，就像使用"时间机器"发生车祸时那样。相反，在这里它们和谐共存并且协调发展，像汽车的各个部件一样协同运作朝着明天迈进。

第三部分　走出贫困 迈向小康

西藏是一个你应当随时期待惊喜的地方——尤其是当你最不期待时。这是一个令人惊讶的目的地，随着其发展的加速，就更是如此。

这是我在2016年和2019年两次参加西藏发展论坛时所学到的。我在2019年6月的论坛上发表了演讲，两次都探索了西藏的广袤疆域。2019年12月，西藏正式宣布绝对贫困基本得到消除。

2016年，一项农业创新项目给我留下了特别深刻的印象。在这个通常被称为"地球第三极"的地方，热带水果已经种植成功——没错，比如菠萝。

2019年，我兴致勃勃地品尝了当地产出的精酿啤酒和红酒。

这并不是说西藏的啤酒原本不出名。批量生产的西藏啤酒通常以青稞为主要成分，在全国各地都很受欢迎。我很喜欢西藏啤酒，有时在北京也买来喝。

而这位精酿啤酒的制造商是在国际上采购大部分原料。他告诉我，他成立不久的公司是西藏第一个进入精酿啤酒市场的企业。此后不久，另外两位企业家也进入了这个领域。

他们独特的混合酒目前仅在西藏有售。但如果可能的话，我在北京也想买，而且我认为，全中国和世界各地的许多人也会这样做。

这个地区并不以葡萄酒而闻名。就算是偶尔想到西藏和葡萄酒，也很少有人会想到从葡萄种植园到灌装生产这么个角度。不过也许是时候开始这样想了。高原上生长的葡萄，其无穷潜力正灌入本地的酒瓶，将在全球各地渐次打开。

除此之外，传统的本地产品，尤其是更大众化的本地产品，不仅正在进军旅游业，而且还跨过喜马拉雅山麓，在诸如

以牧民为主的贫困居民在拉萨的职业培训学校学习藏式餐饮、纺织、刺绣和印制风马旗等技能。

第三部分　走出贫困 迈向小康

西藏发展乡村旅游来摆脱贫困。

传统医学等领域试探其贸易可行性。

2016年，我了解到城市化、职业培训和减缓气候变化等扶贫措施正在改变西藏自治区。

2019年，我进一步了解到西藏的日益繁荣和加速创新正促进中国与其他国家和地区的交流，而且使它成为"一带一路"倡议的重要节点。

在会议上，我聆听了尼泊尔代表解释他们为何热心支持在"一带一路"倡议框架内，商定从西藏到加德满都的跨境铁路计划的原因。我还听到其他与会者为各自国家所表达的期望。

这不仅是在正式的台上演讲和小组讨论中。在一个非正式晚餐会上，我们一边闲聊一边品味着当地的精酿爱尔淡啤酒、斯陶特黑啤酒和拉格啤酒，我更深入地了解到他们为什么称赞各自国家对这项倡议的参与。

我第二次到访西藏时，还访问了林芝市的村镇，目睹了这一地区的农村发展。

许多当地人告诉我们，他们已经从传统的农牧业转到旅游业，收入比他们生产粮食的收入高出许多倍。

我们在一个村庄里拜访了一户人家，他们拥有六辆汽车和两辆运货车。他们每年从运输、旅游、农牧业、建筑材料和野生草药等产业中能得到大约40万元人民币。

确实，看来许多农村藏民已经意识到了多样化收入来源的价值，而快速的发展给他们带来了多样化的机会。

我们采访的这些企业家住在宽敞的住宅里，这些住宅有各种现代生活的便利，但却是按照传统的藏式风格建造。它们见证着西藏萃取不同世界精华的发展方式，也隐喻着时光的沉淀与调和。

的确，在拉萨市美美地享受了牦牛肉汉堡之后，值得骑着哈雷摩托车前往这样的乡村家庭小住。

| 第四部分 |

长江日记

人工智能太极教练。吹奏萨克斯风的机器圣诞老人。作视频直播的角色扮演者。

2018年，我以中国日报纪录片主持人兼撰稿人的身份，踏上了为期35天、总长2000公里的行程，走访了11个城市，探寻改革开放40年来长江经济带的变化。而我从未想到会遇到上面这些人物。

我预计会花大量时间去参观工厂、企业展厅和经济开发区。我确实去了。

但我没有想到，我会拉起装满"三白"（太湖白鱼、银鱼和白虾）的渔网，坐在流水线上包装白酒；更没有预料到我将和网络红人一起为数万名直播观众唱卡拉OK。然而，我也这样做了。

归根结底，是中国的经济奇迹促成了中国的扶贫奇迹。而这要从仍在展开中的改革开放说起。

为了探究这个奇迹，我沿着世界第三长的大河，乘坐货轮、游轮、渔船、客运和货运列车、飞机、缆车、公交车、摩托车、令人难以置信的地铁，以及亚洲最大的自动扶梯，横跨了中国。

一路走来，我不仅探索了过去40年来的进步，还瞥见了未来。

看着繁荣沿着长江流向全国，流向世界，不禁令我心驰神往。

第四部分　长江日记

生死状、傻子瓜子和金牛

中国从地球上最贫穷的国家之一转变为世界第二大经济体，很大程度上始于一份生死状，签它的人都知道，他们冒着被捕甚至是丧命的危险。

安徽省小岗村的农民厌倦了忍饥挨饿的日子。

于是，18个农民共同起草了一份文件，其中写道：

> "我们分田到户，每户户主签字盖章，如以后能干，每户保证完成每户的全年上交（缴）和公粮，不在（再）向国家伸手要钱要粮。如不成，我们干部作（坐）牢割头也干（甘）心，大家社员也保证把我们的小孩养活到十八岁。"

他们在上面签了字，摁了手印。

他们成功了。农民们都超额完成了各自的定额。他们保留了一些结余归集体。剩下的所有东西分别归各个家庭所有。

据统计，第二年，粮食总产量由1978年的1.75万公斤增加到6.62万公斤，人均收入由22元猛增到350元。

这些村民不会想到，他们的行动不仅改变了他们的生活，而且最终改变了国家和世界。

1982年，中国正式承认了"家庭联产承包责任制"。到1993年，中国93%的农村生产队都实行了"家庭联产承包责任制"，取代人民公社制度。

在一个农民占人口大多数的国家，这件事作为农村改革的

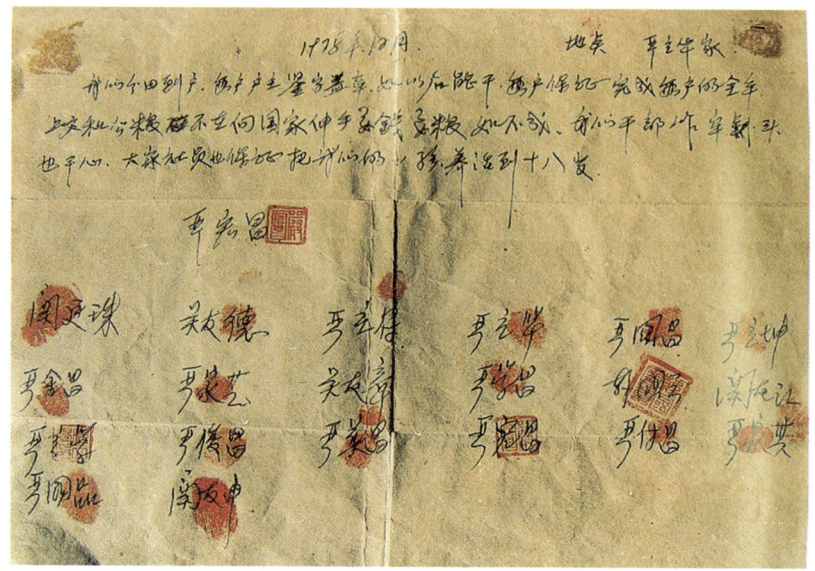

1978年,安徽省凤阳县小岗村的18位农民在"包产到户"契约上按下手印,从此拉开了中国农村改革的序幕。

起点,意义尤为重大。随着乡镇企业的兴起,又为工业化铺平了道路。

到1987年,中国农村的工业已取代农业占据主导地位,乡镇企业产值占到了农村创造财富的一半以上。

一家名叫"傻子瓜子"的公司为这些乡镇企业的发展埋下了伏笔。

改革开放前,每家私营企业的员工不得超过7人。这是因为马克思在《资本论》中曾经谈到雇工8人以上的剥削性资本家,这句话曾被理解为,凡是雇佣7人以上的私营企业都属于资本主义。

20世纪80年代初,一个叫年广九的文盲农民,开了一家卖葵花籽的家庭企业,他雇了近百人。

争议传到了中国领导人邓小平那里。

邓小平作出了回应:"让'傻子瓜子'经营一段,怕什么?伤害了社会主义吗?"

全国各地的私营企业纷纷开始招聘更多的员工。动作非常迅速。

许多乡镇企业最终成长为企业集团。

2018年春节期间,四川广安邓小平故居,人们在邓小平塑像前拍照留念,缅怀这位世纪伟人。

尽管如此,强硬派起初仍对搞市场经济持怀疑态度。

邓小平回应说:"不管黑猫白猫,能捉到老鼠就是好猫。"

越来越多的人放弃了"铁饭碗"——工作和福利都旱涝保收的国家工作岗位——去"下海",也就是成为民营企业家,用保障换取机会。

最终,事实证明,中国特色社会主义的成功是不可否认的。

"贫穷不是社会主义。"邓小平说,"致富光荣。"

而且,他认识到要提高大多数人的生活水平,最初会产生相对的不平等,他说:"让一部分人先富起来。"

一头重达1吨的金牛矗立在中国"天下第一村"华西村的地标性五星级酒店里。这座高达328米的标志性建筑耗资30亿元人民币建造,拥有16间总统套房、800间标准间和纯金银装饰的豪华会所。

这个村子曾把金条作为春节礼物送给村民。

每家每户都住在别墅里,拥有私家车。

华西村成为发展村办企业致富的先行者。

我来到中国后不久,曾与一位同事采访过华西村带头人吴仁宝。1978年他建议村民将年终分红投资于村办工厂。

20世纪80年代,家庭联产承包责任制普及后,吴仁宝保留了村里的土地,作为集体资产创办钢铁厂和纺织厂。

1994年,村里成立了华西集团公司,全体村民都是股东。2003年,华西村成为全国第一个GDP突破100亿元的村。

每年有200多万游客来参观中国首富村,走在极高的玻璃桥上,与几乎等比例的世界名胜古迹复制品合影留念。

华西村是一个发展到极致的超级大村,但它或多或少仍然是一个村子。

而深圳这座特大城市在1980年成为中国第一个经济特区之前,还只是一个贫穷的小渔村。

那时,修建摩天大楼的速度是每两天半盖好一层楼。这直接催生了"深圳速度"这个词,也有了"时间就是金钱,效率就是生命"这个口号。

深圳的GDP连续40年每年增长20%以上,2019年初达到2.4万亿元。2018年深圳人均GDP达到20万元,在中国城市中

深圳蛇口时间广场上屹立的"时间就是金钱,效率就是生命"标语墙。

一马当先。

改革开放是在一系列的局部试验和增量调整中逐步推进的。

当时的做法是，"摸着石头过河"。

如果模式成功了，就在更大范围内采用，或许还要进一步调整。如果失败了，这种模式就会消亡。

世界银行原中国、蒙古国和韩国局局长郝福满（Bert Hofman）2018年为《中国日报》写道："在我看来，中国的改革可以划分为三个阶段——市场探寻改革，大体上是1978年至1993年；市场建设改革，从1993年至2003年前后；市场强化改革，从2003年前后至今。"

2018年，中国举国上下都在欢庆改革开放40年所带来的经济奇迹。我出发去探索这对长江经济带——这个国家最宏伟的经济协调项目之一——意味着什么。

而事情马上就变得很奇怪——在好的意义上。

建设发展引擎

在上海一家汽车制造厂里，我差点被机器人撞倒。

我突然发现自己挡在一台自动机器的必经之路上，它正沿着大众汽车制造厂车间地板上的一条轨道呼啸而来，将汽车零配件从一个地方搬到另一个地方。

当然，我可不是汽车零配件。我急忙闪到了一旁——就在间不容发之际。

不过这件事表明这个行业将如何发展，更高的自动化程度

视频二维码

今天上海充满未来感的天际线,在1978年改革开放开始之前还是一片破败的棚户区。

将是一个主要方向。

我在上海大众汽车制造厂参观,是为了了解过去40年来这个城市汽车工业的发展情况。

这个位于长江入海口的大都市是我沿着改革开放经济地带展开旅途的起点。这也是改革开放后中国汽车工业的起点之一,今天仍然是推动汽车工业发展的领跑者。

我试乘了一辆无人驾驶车,了解到这家公司在前沿科技的最新进展。

试驾前我采访了这里的老员工鲍安荣。他是20世纪80年代组装了这个国家第一辆大众桑塔纳汽车的工人,这在当时是一个里程碑式的事件。

当时在中国有一句俗语:"拥有桑塔纳,走遍天下都不怕。"

1985年，一辆大众桑塔纳汽车的价格可能高达20万元人民币。对于绝大多数中国人来说，这是一个令人难以置信的数字。在当时，自行车就是身份的象征。很少有人能想象拥有一辆汽车。

"装配生产线刚开始上线时，我们只在国内生产三种零配件，就是轮胎、收音机和天线。"鲍安荣回忆说。

"逐渐地，我们开始制造更多产品——玻璃、油漆、保险杠、座椅和仪表板。我们花了三个月的时间，生产出第一台我们自己的桑塔纳汽车。那真的花了很久。"

2018年，鲍安荣工作的工厂——就是我几乎被机器人撞倒的那家工厂——每天可以生产大约650辆汽车。

中国已经实现几乎所有汽车零配件的国产化。

我去参观中国最大的汽车生产基地上海国际汽车城时，改革开放在其他方面是如何改变了上海及周边地区的人们从A点到B点的出行方式，就更加显而易见了。

工程师沈晓文告诉我，交通基础设施的改善使他得以与女友在一起。他的女友住在附近的江苏省昆山市。现在，高速公路开车半小时内即可到达。

上海和周边城镇之间旅行时间的减少也扩大了它们相互促进发展的方式。

"我的家乡（安亭镇）过去不是很发达。"沈晓文说。

"但近年来，情况有所改善。今天已经算可以了。如果社会服务与上海一样好，我当然想回到家乡。"他笑了起来。

后来，我乘坐了荣威Marvel X，一种智能自动驾驶汽车。

接待我的荣威新能源产品规划经理解瑞清建议我用中文告诉汽车:"我想看星星。"

我照办了。头顶的天窗徐徐打开。

我们上路了。

解瑞清向我展示了如何设置电动汽车的导航系统以自动跟随其他任何车辆。她无需转动方向盘即可驾驶,也无需踩刹车或油门即可停止、行驶、减速或加速。

我此前曾阅读并观看了有关无人驾驶车辆的视频,但这是我第一次真正置身其中。

这比我预期的还要陌生。

在过去的40多年中,上海已经超越了发展其汽车产业而成为一个国际化大都市。

这座城市今天以其未来风格的摩天大楼而闻名。不过,金茂大厦、东方明珠塔和上海环球金融中心等标志性建筑像灌木丛般拔地而起仅有几十年的时间,此前它们脚下的土地上还是棚户区。

我跟曾经当过塔吊司机的魏根生一起度过了一天,他曾参加外滩的建设。他从塔吊上拍下的全景照片,使他成了闻名全国的摄影师。

魏根生回忆说:"当时大家都说:'宁要浦西一张床,不要浦东一间房。'"

他说:"在上海人眼中,浦东是乡下,弄堂里全是老房。现在,这里很现代了,感觉完全不同了。"

这么说可能有点轻描淡写。

要我说,这里已经变得让人认不出来,这样的巨变甚至是让人无法想象的。

改革开放以来,这种变化适用于上海和周边城市的各个发展维度。

随着创新和协调发展在这个地区乃至整个国家的加速，这种趋势未来将愈发明显。

"太湖珍珠" 焕发新生

离开上海后，我加入江苏无锡的一支捕鱼队，去太湖撒网捕鱼。后来，我在虚拟教练的带领下，利用物联网技术进行了太极理疗。我还和一位当地的企业家一起采摘葡萄，十几年前，他放弃了自己的化工企业，转而从事绿色农业。

我发现，这些看似不同的经历，在无锡乡镇企业的快速发展、环境危机与复苏、城市化进程中的产业转型等故事中，是如何相互关联在一起的。

这座有着3000年历史的古城，因其发达的产业和繁荣的商业而被誉为"小上海"。

这座二线城市已经成为一流的经济体。2017年，它的GDP超过了1450亿美元，大约比匈牙利的GDP多出70亿美元。

几十年前，农民们放下农具，创办了集体、合作社和个体企业。他们是从贫困走向繁荣之路上的领军人物。

这些初创企业中，有很多都是在城市荒地起步。其中一些已经成长为集团化企业，这很大程度上归功于他们的先发优势。

例如，无锡的双良集团，最初是一家在无锡下属的县级市江阴生产冷水机的企业。它是由7名退伍军人用退役金投资创办的。

如今,双良集团已经是一个拥有能源生产、码头服务、酒店等多项业务的企业集团。

"改革开放前,我们不能自己办企业。"副总裁马福林说,"当时有一个默认的政策,用人单位招工不能超过7人。改革激发了人们创办像双良这样的公司的积极性。"

改革开放后不久,马福林就从北京搬到了江阴,希望能把握住江阴正在崛起的机遇。

"很多人都很惊讶我会离开相对发达的首都来到这里。"他说,"那时的江阴很土气。"

马福林设计出了可以收集和利用发电厂多余能量的机器。他现在还在从事这项工作。

"最初,我们花了三个月才制造出一台小型机器。"当我们走过一间设备有两层楼高的工厂时,马福林说,"现在,我们可以在两周内制造出最大的机型。它们可以给一个中等城市提供动力。在这个领域,我们领先于世界。"

视频二维码

2018年,江苏无锡渔民高参琼一家在太湖捞起著名的"三白"——白鱼、白虾和银鱼。2007年前后太湖蓝藻暴发,一度使100万人无水可饮。严重的水体污染迫使政府支持工业向创新和绿色转型。蓝藻暴发影响了高参琼一家的卖鱼收入,但现在已经恢复。

我还参观了法尔胜泓昇集团有限公司的总部，这家公司生产的钢缆在世界各地的800多座桥梁上使用，其中包括许多世界上最大的桥梁。

这家公司也是由7名退伍军人在当时的无锡农村创办的，最初是为长江上来往的船只制造麻绳。后来，它发展成为中国最早的光纤光缆制造商之一。如今，它参与钢缆国际标准的制定，并开发和生产许多用于制造光纤产品的设备。

改革开放以来，无锡无疑是乘着改革开放的大潮，一路高歌猛进。

但是，中国有句话说得好，"水能载舟亦能覆舟"。

无锡这座古老的运河城市已成为现代化的大都市。2017年，它的GDP超过了1450亿美元，大约比匈牙利的GDP多出70亿美元，这使无锡跻身全国最具实力经济体之列。

经济发展的代价是环境恶化，太湖是这一点的明证。

20世纪80年代的一首民歌《太湖美》将太湖比为鱼米之乡。太湖是长江三角洲最大的湖泊，而无锡被誉为"太湖明珠"。

无节制的增长产生了污染，特别是2007年前后，太湖的蓝藻暴发，一度使100万人无水可饮。

这颗"珍珠"被玷污了。

人们开始质疑"不惜一切代价的发展"，开始思考如何平衡经济增长与环境保护。这推动政府引导当地企业向绿色环保、创新领域发展。

我加入一些渔民去拉起渔网，一边听渔民高参琼讲述太湖的污染和恢复对她家的影响。

"蓝藻泛滥期间，我们捕捞的鱼都没有人愿意买。"她说，"我家世世代代都在湖上打鱼。我公公那年月，他们一天就能捕上几十万公斤的鱼。现在我们最多也就能捕到几万公斤。"

太湖的珍品是它的"三白"——白鱼、白虾和银鱼。

我帮着船员们把这些指头大小的水产分门别类扔到甲板下各自的隔间里，直到隔间装满了闪闪蠕动着的"银锭"，这正是神话中贪婪的巨龙最喜欢收藏的宝贝。

约有前臂大小的鱼儿不时从水里跃起，鱼头像拳头一样撞击着船舱两侧。

哗！嘣！嗖！

声音像击鼓声一样在甲板下回响。

回到陆地上，我吃了一顿"三白"午餐。

以前的无锡之行中，我曾多次尝过这道名菜。不过在我亲手捕捞了这些特产，并和高参琼聊过它们与无锡的成长之痛的关系后，这道美味对我来说又有了新的意义。

在某种程度上，环境危机被证明也是一种变相的幸运，它迫使政府支持企业向创新转型。

以周铁镇为例，这里曾以化工产业闻名。

我们在太湖岸边一处果园附近漫步时，果园主人张涛告诉我，改革开放之初，这个乡镇曾有300多家化工企业。

"化工企业到处都是。但他们的成功是以牺牲环境为代价的。"张涛说，"现在只剩下十几家还在经营。剩下的一些也将被关停。这将进一步帮助我们的环境恢复。也许我们很快就可以在大夏天下水游泳凉快凉快了——这是我小时候常干的事情，而在几年前，这还是想都不敢想的事。"

张涛是较早改变企业发展方向的人。他很早就从农业进入化工行业，然后又回归了农业领域——这一次是用绿色方式来栽培水果，而且是早在绿色农业全面兴起的前几年。

"我做化工赚了很多钱。"我们采着藤上一串串蓝宝石一般的葡萄时，他解释道，"但种植葡萄也能赚很多钱。我觉得这样做很好，因为它很环保。"

这个城市的很多行业都在向物联网（IoT）等高科技领域转移。我去了中国商业创新中心，了解物联网技术在医疗领域的应用情况。

我在人工智能指导下打了太极，还把头探进一个白色的盒子里，伸出舌头做了一个扫描，就得到了基本健康评估报告。

接下来，我在平板电脑上玩了儿童捕鱼游戏。在这个游戏中，我必须使用雾化器这个工具，否则游戏就会关机。这么设置的目的是为了通过游戏的方式让孩子们使用雾化器，因为很多孩子都不喜欢雾化器治疗。

问题是，我玩得兴高采烈，一不小心输掉了比赛。

运营经理陈晓燕还带我参观了一辆救护车。在病人送达医院前，救护车上的设备就可以为病人进行诊断。

"上了救护车后，20分钟内就可以做很多检查。"她说，"在患者到达医院之前，这些数据就能通过物联网技术传到医院，方便医生更及时地进行治疗。"

实践证明，无锡从传统产业向新兴产业转型，从追求数量到追求质量，堪称经济与环境平衡的一个典范。

而今，"太湖明珠"焕发了新生，闪耀起新的光芒。

购物天堂梦想成真

在义乌，我遇到了一支由真人大小的机器圣诞老人组成的乐队，他们吹着萨克斯风，跳着舞。然后我也加入了这支乐队。

浙江义乌被誉为"世界超市"，我在这座城市建成的全球最大的商场里，遇到了这些玩音乐的全自动机器圣诞老人。

为了好玩，我也戴上一顶红毡帽，加入他们的行列，试图融入其中。

这……还挺管用的。不过也不尽然。

至少这为我主持的纪录片提供了一个有趣的镜头。

如果有一件东西，任何一件东西，你能在世界上任何地方买到的话，那么你就一定可以在义乌买到它。这是一个购物者的天堂。

无论你是谁，无论你身在何处，你现在穿的或用的东西，都很有可能是在义乌批发购买的。

拥有7.5万余个展位的义乌国际商贸城是世界上最大的商品交易中心。

它的规模如此之大，如果你想在一周内走遍所有摊位，那你只能在每个摊位上停留8秒钟。

一位西方纪录片导演创作了一段艺术视频，展示了义乌商贸城的"无边无际"。我参观这里的第二天，就在新闻里看到了这个视频。

我觉得用"无边无际"来形容那数不清的货架上数不清的商品恰如其分。

第四部分　长江日记

视频二维码

在义乌国际商贸城你可以买到这样一支吹着萨哥斯风的机器圣诞老人乐队。

但是40年前，义乌这种无穷无尽的零售业却是被禁止的。

"我们的市场起源于当地的'鸡毛换糖'贸易文化，这种文化已经有300多年的历史了。"何海美在商场摊位上告诉我说。

"每逢年节，农民们都会拿鸡毛来换糖啊，针头线脑啊，纽扣啊，都是些最基本的东西。就是这个传统造就了今天的义乌。"

80年代初，何海美在电影院门口卖影片《红楼梦》的剧照，1块钱一张。一天下来，她就能挣到30元。

"我老公当时一个月的工资就是那么多。那可真是一大笔钱了！"

后来，她从城里一家日本服装公司找来边角料，做成遮阳帽，每顶卖3毛钱。

人们开始在一个马路市场上摆摊卖货，后来被有关部门查封了。

而她向一位当地领导投诉。

"我跟他讲，孩子们的裤子和其他商品都被没收了。"

她回忆说,"我说,我们的货都是从上海进的,上海都能卖东西,我们为什么不能卖?"

她记得,大约20天后,这位官员主持召开了一次会议。

"他跟我们说:'我们是领导干部。我们应该为人民服务……我们要带领农民致富。'我哭了。有了这个保证,我就可以做生意了。这对义乌来说,可真是个转折点。"

2018年,她将数千种围巾出口到了30多个国家。与此同时,她的儿子在意大利经营着一家服装设计室。

我遇到一位在这座城市生活了15年的塞内加尔出口商,这让我更清楚地看到义乌的国际化程度。虽然他的英语很好,但在采访中,他更愿意用中文跟我交谈。

来自100多个国家和地区的2万多名外国人生活在义乌,苏拉(这是他的中文名字)是其中的一员。每年还有大约50多万人前来购物。

"在义乌购物就像在整个中国市场购物一样。"他用普通话告诉我。

"原因很简单。在义乌国际商贸城里,你能找到全中国各地的产品,山东、福建、北京等等……中东、美国和法国等地的人都来找我做生意。于是我就有机会和其他国家做生意。"

苏拉向刚果、塞内加尔和冈比亚等非洲国家出口大约2000种不同的产品。他的陈列室里摆着跟我在北京家里用的一模一样的杯子。

后来我去参观了他的仓库。

光膀子的汉子们汗流浃背,忙着将货物装上运往塞内加尔的9辆半挂车。苏拉告诉我,他们每天要装3到20辆卡车,有时甚至更多。

参观了全长36公里的杭州湾跨海大桥后,我更清楚地看到

第四部分　长江日记

杭州西湖的美自古闻名。人民币1元钞票的背面就有西湖的形象。

贸易如何加速发展。这座桥连接了浙江省的嘉兴和宁波两市，使长三角城市之间的交通时间缩短了几个小时。

自2014年义乌至西班牙马德里的首趟"义新欧"列车开行以来，货物和人员都可以通过这条铁路进行国际旅行。目前，从义乌开出的列车已跨越9条国际线路，通往30多个国家。

而义乌的跨境电商企业也紧紧抓住了"一带一路"倡议带来的机遇。

"以前，我们都是把货物运到杭州或上海，然后再出口。"义乌大岳科技公司经理岳显解释说，"而现在，义新欧列车开通后，我们可以直接将货物从义乌运到铁路沿线国家。"

更强的交通连接也缩短了义乌与浙江省省会杭州的距离，全国最大的电商企业阿里巴巴的总部就在杭州。

阿里巴巴子公司天猫全球自2013年成立以来，已经成为全国最大的跨境电商企业。

"我们实际上帮助了很多很多全球品牌进入中国。"在阿里巴巴总部,天猫国际副总经理炜臣告诉我说。

他说,2018年天猫全球与来自74个国家和地区的超过1.8万个品牌打过交道。

"很多年轻一代的人总是来天猫全球找新货。所以,我觉得,对于很多国外品牌来说,中国是一个黄金机会。而这还只是个开始。"

的确,这个有着300年"鸡毛换糖"历史的地方性平台展翅飞翔40年后,浙江正翱翔于全球贸易的未来。

胶囊机器人、直播和霸王龙

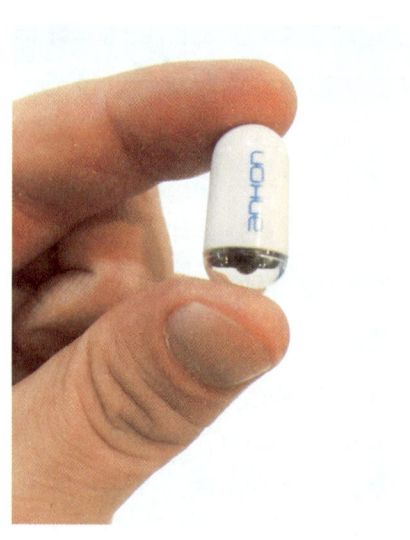

在武汉光谷,我用操纵杆远程操控一个形如胶囊、可以进入人体肠道摄像的微型机器人。

在一个我称为"中国直播者的好莱坞"的地方,我驾驶着一个胶囊机器人。

更准确地说,我是在武汉光谷,用两根操纵杆远程操控一个形如胶囊、可以进入人体肠道摄像的微型机器人。

令我失望的是,我没能将这个胶囊内镜设备一口吞下,驱动它在自己的消化系统里拍摄一番。

第四部分　长江日记

视频二维码

武汉光谷经常被称为"中国的硅谷"或者"中国直播者的好莱坞",因为这里集中了科技和年轻人。步行街上角色扮演者和网络直播者比比皆是。

我真的很想试一试。

问题是,我没有禁食。

那天早上我跟往常一样连灌六杯咖啡,把我的内脏染成一片混沌。

不过让机器人像豆子一样在长椅上跳来蹦去,倒也蛮有趣,感觉有点像打街机游戏。这么小的装置可是包含了近100项专利技术,300多个零件。

我曾去过好几次的这座城市,后来成了最先报告COVID-19新型冠状病毒肺炎疫情的地方。

30多年前,光谷在湖北省省会的一片荒地上兴起,而今已成为全球领先的生物医药、创业和IT中心。2017年,每天都有大约70项在光谷研发的专利获批,而科技园区每天都有60多家企业进驻。

当创新遇到青年文化,这里自然而然成了网络直播产业的天堂。

295

越来越多的年轻人怀揣着成为网络明星的梦想涌入光谷,这里已经成了移动互联网时代"中国的好莱坞"。

"几十万大学生在武汉上学,这是武汉的特点,但是以前大多数人都选择了离开。"总部位于光谷的武汉斗鱼网络科技有限公司副总裁袁刚说。

"武汉创新产业的快速发展,意味着越来越多在北京等城市获得了管理和技术经验的毕业生纷纷回到这里。这既提升了新兴产业,也为武汉的产业转型和像斗鱼这样的线上文化公司的发展提供了人才。"

这家企业2014年刚成立时约有30名员工,如今身价已达200亿元,员工人数超过2400人。平台注册主播人数超过400万,日常活跃用户超过10万。

走进斗鱼的办公室,一股青春的气息扑面而来。

公共区域的天花板上垂下四根假藤蔓缠绕的秋千,员工们可以坐在那里讨论工作。或者,他们可以边打台球边谈工作。这里还有一辆健身自行车,以便他们消耗过剩的精力,或者达到有氧运动目的。员工们的办公桌上摆满了毛绒动物、气球和塑料公仔。

24岁的胡嘉一在斗鱼的直播节目中,每期都能获得数万的浏览量。我和她以二重唱的形式演唱了中国经典歌曲《月亮代表我的心》。

这位极有歌唱天赋的主播每个月的收入高达3万元。而我唱得很糟糕。尽管如此,我们合作的14分钟视频还是获得了2.7万的浏览量。

"我在大学里学的是传媒和广告专业。"胡嘉一说,她10个月前刚开了自己的斗鱼频道,"我很喜欢做这件事,我没有别的工作。"

我们是在她的公寓里直播的。

而许多网络名人就在光谷步行街上的住宅或专业工作室外进行拍摄,这在视觉上构成了至少非常独特的背景。

一头等比大小的霸王龙雕像在一头长颈鹿身后紧追不舍,它们旁边的德式建筑物顶上站着一群希腊雕像。

一位石雕的蜘蛛侠正准备向意大利风格的城堡塔楼发射蛛网,旁边一对新婚夫妇雕像站在一座仿制的大教堂门前,这是光谷非宗教用途的青年教堂。

托马斯小火车的车顶上,骑着白雪公主故事里的七个小矮人。托马斯呜呜地拉响汽笛,驶过停在路边的一架真正的商用飞机,以及成套的中世纪盔甲和王座。

巨大的啤酒桶旁,身着德式民间过膝皮裤的雕像奏乐跳舞。而现场还有一个大型嵌套娃娃,画的是成龙的面容。

当然还有众多玩角色扮演的孩子们,装扮成士兵、熊或挤

武汉光谷步行街上集中了各色奇怪的建筑和雕塑。

奶女工,四处嬉戏。

这个地方似乎得了多重人格障碍,完全搞不清楚究竟自己是谁,这是什么时代,什么地方。

而我的问题是:为什么?

答案似乎是:为什么不呢?

尽管如此,街道两旁的商家和餐馆——诸如麦当劳、星巴克和英孚教育等等——都很奇怪地……普普通通。

有一家影楼除外,人们在那里把自己打扮成韩国童话人物的样子拍照留念。

之后,我们去了一家可以形容为"辽阔"的餐厅,服务员们脚蹬旱冰鞋并不是为了搞什么噱头,而是要赶在食物变冷之前,及时穿过巨大的水泥铺就的"森林",将食物送到顾客桌上,一路上要绕过真正的孔雀、古希腊雕像,还有欧式喷泉。

的确,这样的景象出现在中国中部地区似乎有些出乎意料。几十年前,武汉还是一个重工业基地。

但自从30年前中国第一条国产光纤在武汉诞生,这座城市的创新和新兴产业就使它意外地成为其他内陆城市技术升级的典范。如今,武汉已成为世界上最大的光纤技术研发地之一。

最新的《长江经济带发展规划纲要》将武汉定位为推进长江中游城市

服务员们穿着旱冰鞋,赶在食物变冷之前,及时将食物送到顾客桌上。这座巨大的前卫餐厅像一座花园一样,有一部分在室内。

第四部分　长江日记

武汉的黄鹤楼出现在很多中国的传说和诗歌中，据说仙人曾经在这里骑鹤升天。

群发展的领头羊。换言之，它的作用是帮助这个古老国度的中部地区崛起。

　　武汉被称为"中国的芝加哥"，这是因为它是一座重要的内陆城市。而光谷被誉为"中国的硅谷"（北京的中关村也在争夺这个称号，尽管原因非常不同）。

　　武汉的这些称号可以说受之无愧。

　　它是连接沿海和内陆经济的重要纽带，也是科技创新的温床。

　　毕竟，在这座城市，你可以早上操纵着能钻进肚子的机器人，而晚上去跟网络主播一起唱歌。

攀越巅峰

在重庆，我加入了"棒棒军"和一个由大爷——以及几位大妈——组成的摩托车俱乐部。

肩上担着一根竹竿，后来又坐在一位退休者开的摩托车上，我才明白了这座以陡峭著称的山城是如何改善基础设施的。

随着重庆的交通和经济并肩发展，那些多少世纪以来一直肩挑背扛搬运物品上下陡坡的"棒棒军"正在消失。

山城独特的地形造就了"棒棒军"，也锻炼了"棒棒军"。自古以来，这些挑夫不仅在这里不可或缺，也早已成为这座山城的象征。

在"棒棒军"的队伍中，我是最年轻的一个，比他们年轻很多。

"我们全都是五六十岁的人了。"我挑着担子走在他身边，搬运工李传书对我说，"年轻人都不愿意干这个。"

他已经65岁了。

我发现要平衡竹竿两端吊着的箱子很困难。

它们总是摇来摆去——于是，我也跟着晃荡起来。我跟跟跄跄向前走着，跟喝醉了酒一样。

很长时间以来，如此险峻的地形不仅让人们上山下坡都很费劲，就是往任何一个方向平行前进都颇为吃力——不光是作为摇摇晃晃的箱子的支点步行，坐在方向盘后开车也是一样。

以前，开车从市区到黔江区需要26个小时。

第四部分　长江日记

我加入了重庆正在消失的"棒棒军",在这座以陡峭著称的山城搬运货物。随着交通和生计的改善,所剩无几的"棒棒军"大多上了年纪。

而到了2019年,从市中心到最远的市辖区边界,最多只需要4个小时。

这让中国骑士摩托车俱乐部的老人家们更容易骑行到全国的任何一个角落——乃至更远的俄罗斯、老挝、缅甸等国家。

这群人在高速公路边迎接我的时候,一起把引擎转速调得很高。低沉浑厚的轰鸣声就像飞来了一群大黄蜂。骑手们个个儿都跟决斗的雄狮一样,用麻辣味十足的普通话咆哮着打招呼,欢迎我跟他们一起去兜风。

这些老年车友的生活充满动力。

最年轻的61岁。最年长的已有87岁。

他们的平均年龄超过了"棒棒军"。

但他们容光焕发,而"棒棒军"已经越来越过时了。

这次骑行让我想起了重庆朋友们说的话,因为山势险峻,他们从未学会骑自行车。此话很有道理——除非你有马达和好的道路。

事实证明,在这座城市里穿行是一种独特的体验。

我跳上了重庆市区1986年建成的两条跨江索道之一。

没过多久,我坐上了从地下冒出来的轻轨列车,在山顶上

我与重庆的中国骑士摩托车俱乐部一起去兜风。

优雅地一闪而过，然后呼啸着穿过一栋大楼，从一侧钻进去，再从另一侧钻出来。

在我下方是一个旅游景点，沿着山坡铺着石子拼图。游客们扎堆拍照、录像。

即使是步行，由于地形起伏不定，有时从一栋楼的一楼能直接走到相邻的另一栋楼的七楼，而不需要上下楼梯。

我还乘坐了位于地下的两路口皇冠大扶梯，总长112米，据说这是亚洲最长的自动扶梯。

在重庆市内交通得到改善的同时，这座城市与外界的联系也在加强。一条环城路将市区与郊区连接起来，而一条高速公路

游客们观看重庆的轻轨列车，列车从地下冒出来以后穿过一栋大楼。

从这个直辖市直通上海。

我在重庆参观了长江上最大的内陆港口之一，2017年这里的货物吞吐量达到1300万吨。它与新的泛欧亚铁路相连，成了"一带一路"与"长江经济带"的交汇点。我跳上车，跟着列车员一起坐了几站。

第四部分　长江日记

视频二维码

长江三峡拥有壮丽的自然风光和人造景观。

得益于湖北宜昌的三峡大坝，长江本身的通航更便利了，我就是从宜昌逆流而上来到重庆的。

"以前，水面下都是暗礁。"民生轮船股份有限公司的货船船长陈利告诉我。我们等待通过大坝时，船闸顶部耸立在比他的船高出40层楼的地方。

"那个时候很危险。现在，水位高出礁石很多。所以我们不用再担心会触礁了。"

滑轮呻吟了一声，接着传来响亮的回声。

大坝的美令人魂牵梦绕，不仅在视觉上，在听觉上也是如此。

它是如此巨大，实际上就是一座圆形大剧场，所有声音都得到增强的分贝和超强的混响效果。

在我下方几十米，一个人舀起水面上的垃圾时，网子拍在水面上的声音像放炮仗一样升起。

薄雾之上，山峰若隐若现。它们那自然柔和的曲线勾勒出地平线，与大坝的灰色人造几何结构形成鲜明对比。

宜昌的人造奇观和自然风光吸引着来自地球各个角落的游客。我在一艘经过船闸的长江游船上过了一夜。江面的涟漪上，摩天大楼的倒影幽灵般闪烁。游船滑过灯火映照的桥洞时，也在水面上投下了色彩斑驳的倒影。

这次航行让我看到了中国是如何克服高耸入云的山峰和潜伏在水下的巨石所造成的交通障碍。

它使车轮、水面、轨道和船闸的通行都成为可能，也提高了旅行的效率——哪怕是肩上扛着竹竿徒步，或是坐在退休者的摩托车后座上，也是如此。

猕猴桃，烈酒和大数据

我要给位于贵州省水城县的一个猕猴桃种植园浇水。

掏出手机，在手机屏幕上轻点几下应用程序，大山深处喷淋系统的一些喷水孔就开始喷出水雾。

地形险峻的贵州堪称中国自古以来最贫穷的省份之一，手机浇水这件事向我展示了贵州正在将其地质劣势转变为技术优势的几个经验之一。

事实证明，大数据也有偏好——凉爽的气候和稳定，显然大数据也不喜欢地震颤动。

长期以来，喀斯特地貌一直阻碍着贵州的发展，却在大数据时代为数据存储提供了理想条件。

贵州的大部分大数据业务目前都集中在省会贵阳，这里也被称为"第二代春城"。该地区的平均气温为22摄氏度，并且很少出现3级以上地震。

因此，中国选择贵州作为全国第一个综合大数据试验区的所在地。

从2014年到2017年底，大数据业务对贵州省GDP年增长率的贡献超过了20%。

我参观的一个园区里，29座建筑物容纳了6万个机柜、80万台服务器。中国移动、中国电信和中国联通等电信巨头的大数据中心均已进驻。华为的大数据中心也在建设中。

视频二维码

大数据和奇异果都能将地形的劣势转为优势，从而帮助贵州的发展。贵州传统上是中国最穷困的省份之一。

卡斯特岩溶地貌有众多蜂窝般相连的洞穴，特别适合存放数据硬件。

其中一个大数据中心就位于连接两座山的人造隧道中，它的通风条件有效地节省了能源。

该园区的一个区域集中了贵州省各主要大学为这一行业培养的人才。正如一家制造商所言，它还生产用于存储和处理大数据的半导体，就像"大脑中的神经元一样"。因此，贵州原本险峻的地形已经促使该省乃至全国大数据发展的爆炸式增长。

我通过应用程序浇水的猕猴桃生长在水城县的农业技术园区，这个7年前建成的技术园区占地400公顷，依靠2017年投入使用的大数据系统运行。传感器监控着阳光、湿度、营养、温度和病虫害等条件，将信息随时传输到应用程序。根据这些数据，应用程序就会执行浇水和施肥等操作，从而减少了人工劳动和差错。

"这需要电力。"高级农艺师张荣全告诉我，"而电力就从那儿来。"他指着从附近的山坡上汹涌而下的瀑布说。瀑布冲进了一个水池中，它的前面是一个专为拍照而竖立的有两层楼高的猕猴桃横切面雕塑。与这个水带飘扬的山崖相比，从车中下来的游客们都像是小人国来客，纷纷跟巨大的水果雕塑合影。

我们今天称为猕猴桃的这种水果，一个多世纪前源于中国的四川。这些野生品种当时被称为中国醋栗，只有葡萄大小，而且味道苦涩。它们在新西兰被择优繁育，进而培养出我们今日食用的又大又甜的品种。

大约10年前，我曾经报道过，这种在中国被称为猕猴桃或者奇异果的"海外浪子"，如何重返中国西南地区的老家。当时人们希望能培育出新品种。如今，它们已在水城县等地给当地人民创造财富。

当地人告诉我，在贵州长势喜人的猕猴桃品种果皮更光滑、回味更甘甜，其平均售价是四川猕猴桃的4到10倍。

事实证明，猕猴桃就像大数据一样，在气候稳定的喀斯特环境中更能茁壮成长。

长期以来，贵州的发展一直囿于贫瘠的土壤，千百年来，在群山中开垦出来的梯田上只能种出低等玉米。

"当地农民靠种植玉米每亩地只能赚1000元人民币。"张荣全在山顶对我说。我们眼前，果园沿着起伏的山势一层一层铺到山脚下。"种植猕猴桃的话，他们每年每亩地平均可以挣3万元，最高甚至能达到9万元。"

我指出在果园边上还有一小块玉米地。

"那明年就不见了。"张荣全语气肯定地告诉我，"当地人都知道猕猴桃能带来多好几倍的收入。"

水城县的猕猴桃不仅用于生吃，而且已加工成酒和软饮料，在全国的知名度正不断提高。

张荣全解释说，许多当地人将土地租给种植者，自己外出打工，每天额外赚取约100元的租金。

随着越来越多的外地人来欣赏风景并且享受自己采摘的乐趣，一些当地人正利用不断发展的旅游业创收。到访农业园及周边地区的游客人数已从2013年的约2万人增加到2019年的约8万人。在风景名胜区建造的别墅每晚住宿费约为2000元。

我后来去参观了贵州的"酒河"，学习品评中国的高端白酒，还到一条生产流水线上学习包装酒瓶。

仁怀市茅台镇的赤水河是长江的一条支流，以其赤红色的河水而得名，这个地区长期以来一直不发达。但最终，欠发展的其他行业却维护了当地水资源的纯净度。

赤水河优良的水质被认为是中国最著名的烈酒中的神奇成分。整个小镇的空气都弥漫着酒精的气息，仿佛你的皮肤都能品到酒香。

越来越多的游客前来山区造访，品尝烈酒，享受原始环境，欣赏壮丽的景色。

赤水河两旁排列着传统的木制建筑，屋顶铺着黑色瓦片，檐角像爪子一样向上弯曲。岸边的一个巨大雕塑是传统酿酒用的瓮，一些小孩忙着爬进爬出。一位老人骑着一头带轮子的机器大熊猫，音乐声响彻四周。这个场景颇有点超现实的魔幻味道。

茅台酒是一种有着800年历史的白酒，被誉为中国的"国酒"。1972年美国总统尼克松对中国进行历史性访问时，尼克松和周恩来总理举杯畅饮的就是茅台酒。直到今天，国宴上仍然用茅台酒来招待外国元首。

随着出口增加，这个品牌正走向国际化。茅台酒现在甚至用来调制鸡尾酒。

我在当地的茅台酒博物馆酒吧里品尝了一些鸡尾酒，那里展示了用茅台制作的曼哈顿、马提尼和莫吉托等鸡尾酒。有些品种已经在国际大赛上摘得奖项。

博物馆大厅的一面足有两层楼高的玻璃墙上，陈列着数百个陶瓷酒瓶，都是多年来生产的不同品种的茅台酒。有些酒瓶设计成了灯塔形状，还有一些则印有中国少数民族的锦缎图案。

一位专家教我如何品评白酒。事实证明，这个过程与品评葡萄酒大致相同。

首先，你得闻一闻香气。

然后，你需要评估酒的色泽。酿造时间越长，黄色就

第四部分　长江日记

茅台被公认为中国的顶级白酒品牌。这一地位促使贵州茅台镇保护和开发"酒河"赤水。

越深。

接下来，要晃动玻璃杯，观察挂落杯壁的酒滴。

终于，你可以呷一小口，仔细咂摸水果、蜂蜜和花朵的芬芳。

后来我又去了一家工厂的生产流水线，这里每天要罐装150吨茅台酒。很快我就发现这个工作看起来容易做起来难。

我第一次搞砸了。然后是第二次。第三次。

指导我的工人咯咯笑着，因为我不断犯错，要么将纸板翻折错了，要么总算折对了，却又忘了先把附赠的小酒杯放进盒子。

直到第四次，我终于成功了。

而工人们平均只有两分钟就得完成一瓶酒的包装（不要问我花了多久）。

成功包装了一瓶酒后，我就从这个工厂的"搞笑秀"中正式退出了。

工人以机器般的速度和精准操作着。这家工厂希望实现自动化，并正在尝试使用巨型机械臂将板条箱提升到推车上。

不过这家公司已经采用了其他新技术，比如大数据。在瓶盖中装有传感器件，可以用手机扫描防伪。

后来我们还参观了一个仍然使用古法酿酒的作坊。在一座20世纪70年代建造的无窗厂房中，摆放着大约300个上釉的陶瓮。我的一些同事不由流下了热泪——这里的气味着实浓烈。

交通和发展的改善加快了茅台酒业的发展。

今天从茅台镇到遵义市只用1个小时，而在十年前需要8个小时。改革开放后人们的可支配收入增加，这也提升了对高档白酒的需求。

仁怀市环境保护局办公室主任丁俊杰在水处理厂告诉我，2011年仁怀市发布了第一条保护赤水河的法规。到2018年末，仁怀市已在20个乡镇修建了22个处理设施，其中9个专门用于净化酿酒用水。这个地区约有200家酒厂。

他说："保护赤水河，就是为仁怀的经济发展保驾护航。"

我发现，游览"酒河"确实令人陶醉。

对于我的长江探险来说，这是一杯完美的饯行酒。我已预料到会发生意想不到的事，但我依然对最后的结果感到惊讶。

作为记者必须牢记的"五个W和一个H问题"（何人、何事、何时、何地、何因以及如何）揭示了与我出发之前的预期不同的发展模式。

我期待着科技创新，但一路上也发现了不少新奇好玩的事物。

而且我已经看到，经济协调往往是关于点与点的连接——

也即是在地图上和生产节点之间的连接。

这些点合在一起成为一幅壮阔的画卷，描绘出沿着河水流向世界的繁荣前景。

后记

我们生活在最好的时代

战争。饥荒。贫穷。

婴儿死亡率。文盲率。犯罪率。

想象一下人类各式各样的悲剧和脆弱。

然后,就会意识到没有比现在更好的生存时代了。

与历史上的任何时间点相比,今天所有这些灾殃对我们这个物种施加的影响最小。事实上,就连新冠肺炎疫情也将是保持上扬的发展轨道上可以被克服的挫折,尽管其影响十分严重,全球近年来取得的进步也已减缓其势头。

在全球几乎所有指标上,平均生活水平都得到了改善,并且改善速度甚至比几年前我们可以合理预期的还要快——而且可以说比我们大多数人今天意识到的还要好。

这是一年中的大事件。这是十年来的大事件。这也是过去几个世纪以来的大事件。

中国为这一进步作出了巨大贡献,特别是自从改革开放以来。

这个国家对于实现联合国的"千年发展目标"至关重要。

2000年9月,联合国所有成员国一致同意的"千年发展目标"概述了1990年至2015年之间八个领域的目标，包括教育、性别平等和孕产妇保健等。

世界银行说，之所以能在截止日期前就实现"千年发展目标"中将全球贫困人口减半的目标，中国和印度功不可没。

中国也将帮助世界在2030年前实现联合国的其他17个可持续发展目标。

因此，如果今天的世界是自古以来最好的，并且还在不断改善中，我们为什么不庆祝呢？

这在很大程度上是由于媒体的报道，但其实这件事并不是媒体的过错。

正如哈佛大学教授斯蒂芬·平克(Steven Pinker)指出的那样："这种发展不是看看报纸就能了解到的……新闻报道总是盯着哪儿又出了什么坏事，而不是发生了什么好事，这很容易让人以为世界正变得越来越糟。"

换句话说，实际上世界正变得越来越好。

平克解释说，没有发生的悲剧算不上新闻，常见的灾害也不会像罕见的突发灾难那样被大肆报道。

例如，人们在自己家中摔倒致死的可能性，要远远高于地震中被自家倒塌的房屋压死的可能性。但是，如果有人死于地震，无论人数多少，哪怕只有一人遇难，这都极有可能成为新闻。

在我看来，认知学家平克的论点非常有力地驳斥了那种认为"狗咬人不是新闻，而人咬狗才是新闻"的观点。

这个世界的变化发展并非一蹴而就。平克指出，即使是快速的发展，也只是一个渐进的过程，不会像海啸、恐怖袭击或大火那样突然发生。

更比不上席卷全球的疫情。

与此相反，预期寿命、教育和安全等方面的进步则是一种渐进式发展，需要在更长的时间段上加以衡量。

因此，尽管不断遇到挫折，我们比以往任何时候都更有理由为现在感到高兴，并且乐观地展望未来。

我们正在以前所未有的指数速度，克服几乎所有形式的人为或自然的祸患。

我们围绕太阳旋转着，一切的一切不仅好于以往任何时候，而且还在不断改善。

作为一个星球，作为一个物种，我们每时每刻都在更加靠近地球上的天堂——包括这一刻。

生活在这个时代多么美好！

事实上，这就是最好的时代。

译者的话

2019年中旬，Erik给我发来一些文章，讲述了他和朋友们给青海省玉树藏族自治州曲麻莱县的偏远小学送去太阳能电池板的故事。他很想把这些故事汇集成书，并且希望我能将它们译成中文。

大约是2006年，Erik来到中国日报社，成为少数几个与中国同事一起外出采写报道的外籍记者之一。那时我是特稿部的编辑，时常跟他讨论一些选题，而他采访回来也总会跟我们讲述他的见闻。我当时负责"Hotpot"（文化火锅）专栏，这个小栏目旨在通过作者的亲身经历谈中外文化的差异。在区区600来字的篇幅里，Erik总能把他遇到的各种奇遇写得精彩绝伦，令人捧腹。后来我们一起编撰了 101 Silly Stories from Cheerful China — China Daily Hotpot Column Collection（《文化火锅》，五洲传播出版社，2010年），里面收录了Erik的大部分文章。

这次Erik又想出书，本以为也是些奇闻趣谈，没有想到，2020年春节前，他发来的书稿竟洋洋洒洒十多万字。除了青海的那一部分得到了很大充实，前后还加上了他在四川省汶川地震灾区和中国其他很多地方的报道。更重要的是，全书主题也得以升华，通过他实地采访所得探讨了在中国这样一个幅员辽阔的国家，面对各种复杂因素导致的贫困问题时，不同地方因地制宜实施的各种创新扶贫方式。

在中国脱贫攻坚的收官之年，这样一位来自美国、在中国工作多年的专业新闻工作者，通过他亲历的那些鲜活生动的故事，为中外读者提供了一个非常独特的视角，彰显出在全球背景下中国解决贫困问题的重大意义。

翻译这本书对我而言也是一次特殊的体验。我有幸与Erik在中国日报共事数年，无论是互相修改新闻报道还是合作翻译、编辑书籍，他的幽默、诚恳与敬业拉近了我们之间的距离。翻译此书令我进一步看到他对新闻工作的投入，对陌生人的关心，以及对中国事务的深入思考。跟随Erik妙笔生花的文字，我看到这个美国出生长大的年轻人在中国做到了真正的新闻工作者都努力去做的事情：他触及了这些普通中国人的内心深处，并以身临其境的方式展现出他们的挣扎与希望，虽然他采访的很多人几乎不会说普通话，更不用提英语。

我非常敬佩他在汶川地震发生后多次前往灾区采访的勇气和决心，他和同事乘坐的车随时可能被塌方的石块砸中。而他并不满足于浮光掠影的描写，总是尽可能去跟当地百姓攀谈，了解他们的生活和想法。在第一部分的"擦干眼泪"一章里，他跟着映秀的几位老守墓人爬上泥泞的山坡去他们栖身的小棚子，这才了解到更多令人动容的故事。

更加难能可贵的是Erik的坦诚和乐观。在青海，他也遇到过不愉快的事（"刀、暗夜与光明"）。深夜时分，一名出租司机用刀逼着他索要比谈好的价钱高出许多的车费。而他在震惊之余，想到的是司机明明看到他的钱包里装满大钞，却没有为了这些钱加害于他。他更关心的是如何改变这里的贫困面貌，让下一代能够走向光明的未来。

他和青海牧民一起放牧的那两章（"和牧人一起露营""牧民日记"）格外生动。本想帮主人干点活，一会儿差点被牦牛踢中，一会儿扔石头赶牛羊时又砸中自己。翻译时着实让我笑个没完，希望中文读者也能享受这宝贵的轻松时刻。

为青梅卓玛做整形的那两章（"分享不可能的微笑""摘下口罩直面世人"）明显不同于其他章节，Erik在写作这两章时，倾注了更多的心血。由于先天性唇腭裂，这个来自贫困牧民家庭的女孩生活在一个几乎全封闭的小世界里。在Erik和朋友们的帮助下，她来到北京做整形手术。从人烟稀少的草原一下来到现代化大都市，从被同龄人无视到成为众人瞩目的焦点，这些巨大的变化会在这个少女心中激起怎样的波澜，她的人生轨迹会发生怎样的转折，我们有幸通过Erik细致入微的观察和描述瞥到一二。

记得Erik曾感叹说，很多老外都只在中国待一段时间就走，仿佛有个旋转门，不停地有人进来，又有人出去。而他和妻子Carol却是少数进了门就一直留在中国的人之一。有一年去他们家过圣诞，碰到好几对外国夫妇也带着在中国出生的孩子。而他们家有一个房间专门用来堆放朋友们送来的书籍、衣服、玩具等用品，像是几座小山，这全是他们准备送往青海曲麻莱几所学校的捐赠品。

  在他深入报道中国的旅途中，Erik不仅学到了地道的中文，结识了众多知心朋友，就像他所说的那样，他向前踏出了关键一步，不再是一个纯粹的旁观者和记述者，他决定要为那些身陷贫困的人做些什么。正因为如此，这本书格外感人，令人难忘。

译者 刘浚

2020年10月22日